DER MODERNE VATER-KOMPASS

Erfahre alles Wichtige über die Schwangerschaft, Geburt und die erste Zeit mit dem Baby. Erhalte praxisnahe und ehrliche Tipps, die Dein Vaterglück perfekt machen.

Erste Auflage 2021

ISBN: 978-9925-7858-2-7

Druck: Amazon

DER MODERNE VATER KOMPASS

Erfahre alles Wichtige über die Schwangerschaft, Geburt und die erste Zeit mit dem Baby. Erhalte praxisnahe und ehrliche Tipps, die Dein Done Vaterglück perfekt machen.

Jan Schröder

INHALTSVERZEICHNIS

INHALTSVERZEICHNIS

INHALTSVERZEICHNIS

INHALTSVERZEICHNIS

VORWORT

Herzlichen Glückwunsch, Du wirst Papa!

„Wir werden Eltern" – das ist für die meisten Frauen und Männer eine der besten Nachrichten überhaupt!

Auf Dich wartet ab jetzt ein komplett neues Leben mit schönen und spannenden Herausforderungen. Du bist garantiert voller Vorfreude, hast aber auch mit Sicherheit viele Fragen und Gedanken, die Dir gerade durch den Kopf gehen. Viele werdende Väter möchten Ihre Partnerin oder Ehefrau in den bevorstehenden Schwangerschaftsmonaten bestmöglich unterstützen und diese Zeit aktiv mitgestalten. Zu Recht, denn die 40 Wochen der Schwangerschaft sind für Euch beide eine sehr gefühlsintensive und gleichzeitig unvergesslich schöne Zeit.

Vielleicht verspürst Du momentan noch ein leicht mulmiges Gefühl im Bauch, wenn Du an all das Bevorstehende denkst. Vielleicht machst Du Dir ein wenig Sorgen, ob Du wirklich bereit für die Vaterschaft bist, auch dafür, Verantwortung für ein kleines Baby zu übernehmen.

Lass Dich bitte nicht entmutigen, versuche ruhig zu bleiben und einen Schritt nach dem nächsten zu gehen. Gemeinsam habt Ihr ausreichend Zeit, Euch auf die Aufgabe als Eltern vorzubereiten. Und auch Deine Partnerin braucht gerade in diesen Wochen und Monaten einen starken, verlässlichen Mann an ihrer Seite – einen Fels in der Brandung!

Sicher, eine Schwangerschaft und das Elternsein verändert vieles! Der gesamte Alltag, die bislang gesetzten Prioritäten und die eigenen Gewohnheiten werden mit einem Mal auf den Kopf gestellt. Das Baby wird bereits in der Schwangerschaft mit jedem Tag, der vergeht, eine immer größere Rolle spielen. Der Lebensalltag muss neu geplant und familientauglich gestaltet werden. Doch mit einem kühlen Kopf und dem richtigen Vorgehen wirst Du alle wichtigen Hürden meistern!

Du wirst mit Sicherheit viele Tipps von Freunden und Familie bekommen. Ganz wichtig: Lass Dich davon nicht verrückt machen, sondern bleib vielmehr im liebevollen und offenen Austausch mit Deiner Partnerin! Wie heißt es doch so treffend: „Es wird nichts so heiß gegessen, wie es gekocht wird!"

Die Zeit der Schwangerschaft wird Dich in einzigartiger Weise positiv prägen. Versuche sie voll und ganz zu genießen bis Du schließlich am Tag der Geburt Dein kleines Wunder in den Armen hältst: Dein kleiner perfekter Nachwuchs, gleichzeitig ein wundervolles gemeinsames Werk Eurer Liebe und Zuneigung, das löst in jedem Mann ein unbeschreibliches Gefühl aus.

Auch im Anschluss an die Schwangerschaft gibt es einiges zu tun, denn nun kannst Du Deine Vaterrolle aktiv leben. Deine Partnerin braucht Deine Unterstützung, Du entwickelst immer intensivere Vatergefühle und willst Deine Familie mit voller Hingabe und Liebe schützen und umsorgen. Bürokratische To Dos, eingeschränkte Freizeit, mögliche Konfliktsituationen, Müdigkeit – der Spagat zwischen Job und Familienalltag kann ideal gelingen.

Dieses Buch führt Dich durch die Monate der Schwangerschaft und gibt Dir das wichtige Background-Wissen mit: Angefangen vom Wandel der Vaterrolle, über die Entwicklung Deines Kindes bis hin zu wichtigen Fragen rund um die Geburt, die erste Zeit als Familie und die Freizeitgestaltung als frischgebackener Papa! Ebenso erwarten Dich viele Informationen, Tipps, Tricks und Checklisten! So bist Du optimal vorbereitet und weißt genau, was auf Dich zukommt. Du kannst diese besondere Zeit zusammen mit Deiner Partnerin in vollen Zügen genießen und eine gesunde Vater-Kind-Beziehung aufbauen.

Dieser Papa-Ratgeber möchte Dir aufzeigen, wie Du Deinen ganz eigenen Weg als liebevoller, aktiver und verantwortungsbewusster Vater gehen kannst.

Der Schlüssel zu einer gelungenen Partnerschaft und Vaterschaft ist stets die Kommunikation. Sprich also immer offen mit Deiner Partnerin und vertraue ihr regelmäßig Deine Gedanken und Sorgen an.

Lest gerne auch gemeinsam in diesem Buch, wenn Du der Meinung bist, dass Du bestimmte Kapitel oder Gedanken mit ihr teilen willst.

Die Vaterschaft ist eine sehr spannende und einmalig schöne Erfahrung. Sie bringt Dir sehr viel Neues und lässt Dich täglich mehr und mehr dazulernen. Lass Dich offen auf Deine neue Rolle ein und nimm sie dankbar an. Setze Dich mit Deinen Papa-Aufgaben auseinander und finde den Weg, der für Dich und Deine kleine Familie der beste ist.

Dieses Buch möchte Dir dabei helfen, mit allen auf Dich hereinstürzenden Herausforderungen umzugehen und letztendlich ein liebender und verantwortungsvoller Vater zu werden.

Ich wünsche Dir alles Gute auf Deinem persönlichen Weg als Papa!

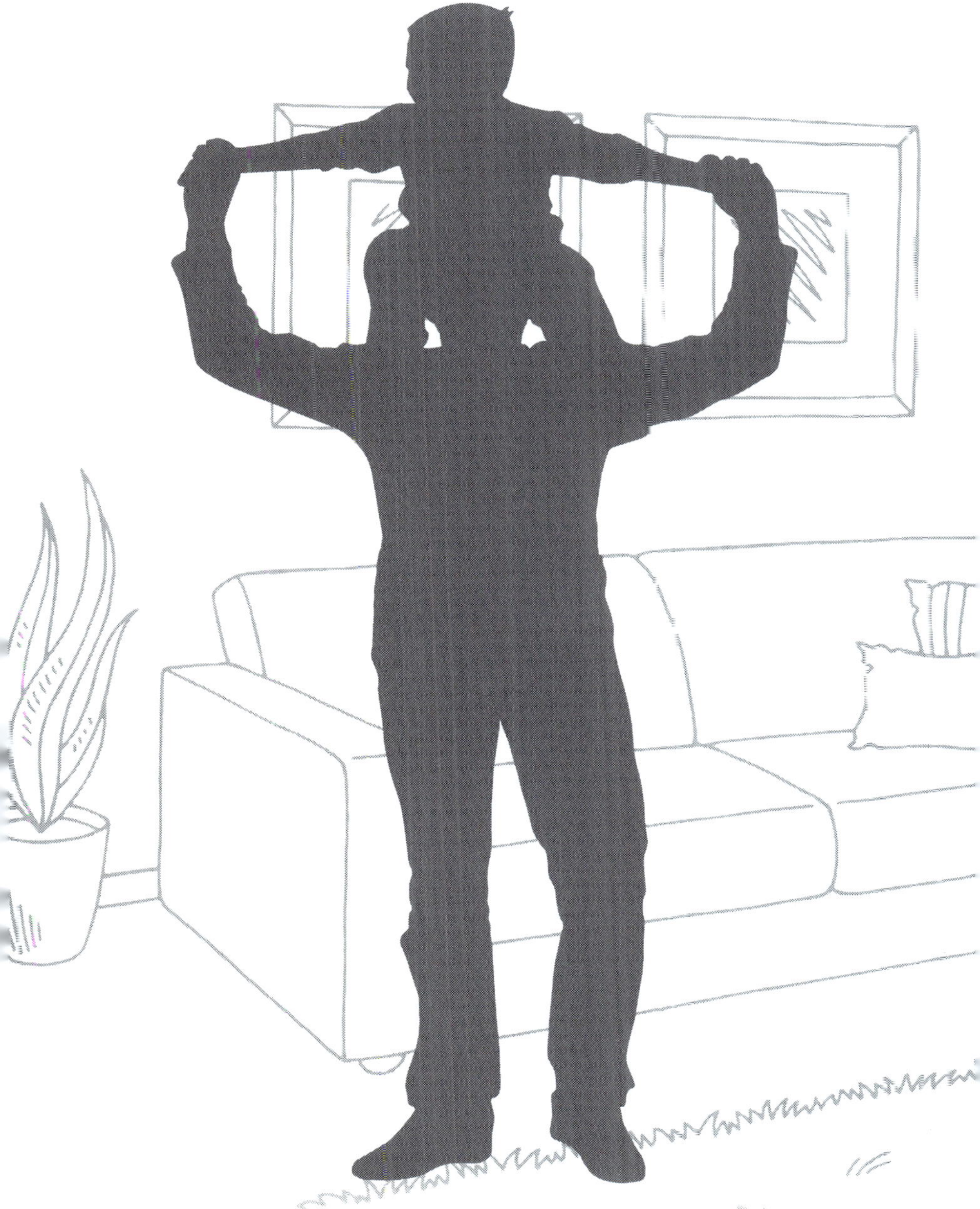

AKTIVE UND LIEBEVOLLE VATERSCHAFT

Heutzutage wollen Väter für ihr Kind ein verständnisvoller Berater und ein liebevoller Begleiter sein. Es geht darum, ein präsenter Ansprechpartner zu sein, der vom ersten Augenblick eine intensive Beziehung zum eigenen Kind aufbaut und diese täglich bewusst und aktiv mitgestaltet. Das ist eine wundervolle Aufgabe, wenn auch nicht immer eine leichte! Wem es jedoch gelingt, ein engagierter Vater zu sein, der darf sich mit Sicherheit über ein glückliches Kind freuen.

Dabei sein, bei allem und das von Anfang an – das ist für die überwiegende Mehrheit der Väter heute eine Selbstverständlichkeit. Und es ist sehr gut, dass sich werdende Papas bereits in der Zeit der Schwangerschaft über alle wichtigen Fragen rund um Vorsorgeuntersuchungen, Geburt sowie die erste Zeit mit dem Baby informieren.

An dieser Stelle möchte ich Dir noch drei wichtige Tipps geben, die Dich durch die bevorstehende Zeit begleiten sollen:

HAB KEINE PANIK!

Du bist nicht der erste Mann, der mit seiner Vaterschaft ringt, sich Sorgen und Gedanken macht. Bitte versuch Dich zu entspannen! Es wird schon schiefgehen!

BILDE EIN DREAM-TEAM MIT DEINER PARTNERIN!

Für Deine Partnerin ist das alles ebenfalls neu und ungewohnt – doch gemeinsam werdet Ihr es schaffen!

SUCH KEIN PATENTREZEPT!

Jede Schwangerschaft, jede Geburt, jedes Paar und jedes Baby ist anders – einfach einzigartig!

Irgendwann wirst Du herausfinden, wie alles funktioniert. Und was fast noch wichtiger ist: Du wirst herausfinden, was nicht funktioniert und für Dich oder Euch nicht das Richtige ist.

PAPA SEIN – DAMALS UND HEUTE

Betrachtet man die Rolle des Vaterbilds im Laufe der vergangenen Jahrzehnte, so merkt man schnell, dass sich unglaublich viel verändert hat!

Früher waren vor allem die Mütter für die Kindererziehung zuständig und übernahmen die Verantwortung für die Kleinen. Die Väter nahmen die Rolle des Familienoberhaupts und Ernährers ein. Der Papa war selten der erziehende Part! Heute sind Väter deutlich mehr in die Erziehung involviert und ein sehr wichtiger, gleichwertiger Teil der Familie. Die Rollenverteilung ist gleichberechtigt, das heißt, dass Mann und Frau gleichberechtigt auf einer Stufe stehen. Kinder werden immer mehr zur Vatersache. Das führt natürlich zu einer immer engeren und innigeren Bindung zwischen Vätern und ihren Kindern als das früher war.

Immer mehr Männer sind mittlerweile der Meinung, dass sich Papas mehr in die Kindererziehung einbringen sollten. Das hat das Bundesministerium für Familie festgehalten.
Das führt dazu, dass die Ansprüche an heutige „moderne Väter“ sehr hoch sind. Sie sollen sich liebevoll um ihre Kin-

der kümmern und aktiv in die tägliche Erziehung einbringen. Dabei sollen sie, so wie früher bereits, für die Ernährung der Familie sorgen. Das sorgt bei zahlreichen Papas für Vereinbarungskonflikte. Viele arbeiten Vollzeit und versuchen mit aller Kraft, den Spagat zwischen Familie und Job zu leisten. Das ist in sehr vielen Fällen eine sehr große Herausforderung.

Männer gelangen damit in eine Zwickmühle, gefangen zwischen der modernen Lebens- und Denkweise sowie alten Rollen- und Karrieremustern. Sie engagieren sich zwar schon viel stärker in der Familie, doch geben viele zum Beispiel in Umfragen an, dass sie gerne noch mehr Zeit mit den Kindern und der Familie verbringen würden, dafür weniger Zeit im Büro!

Der gesellschaftliche und geschichtliche Wandel – und somit auch die Rolle der Väter – steht bis heute nicht still. Ständig kommen neue Lebensformen und Familienmodelle hinzu. Es gibt nicht mehr nur die „klassische Familie" und somit wird es immer schwieriger den „modernen Vater von heute" zu charakterisieren.

Die Familienstrukturen und das Vaterbild, das wir heutzutage kennen, ist das Ergebnis der jüngeren Geschichte: – angefangen im Römischen Reich!

In dieser Zeit wurde zum ersten Mal das sogenannte „Patriarchat" zum gesellschaftlich-politischen System, das das familiäre Zusammenleben regelte. Hier war exakt festgelegt, dass sich Frauen um die Erziehung der Mädchen kümmerten, während Väter mit der Erziehung der Jungen beschäftigt waren, und zwar mit Unterordnung und harter Strenge! Gleichzeitig galt der Vater als „Pater familias", also als Familienoberhaupt des gesamten Familienverbandes. Damit besaß er uneingeschränkte Macht über jedes einzelne Familienmitglied. Der Familienverband bestand aus der Ehefrau, den Kindern, den Sklaven und allen weiteren Familienmitgliedern wie etwa den Schwiegereltern.

Dieses System hatte während der ganzen Zeit des Römischen Reiches seine Gültigkeit über das soziale Zusammenleben und die Kindererziehung. Bis ungefähr zum 19. Jahrhundert war es ein Vorbild für die Rolle des Vaters.

Jedoch begann sich die Vaterrolle im Mittelalter zu wandeln und es entstand eine Art Vorstufe des heutigen Vaters. Die Familie wurde eine in sich geschlossene soziale Einheit. Über die Rechte und Pflichten der Einzelnen ist im Mittelalter aber nur sehr wenig überliefert. Die Abgrenzung erfolgte nach außen vor allem durch einen gemeinsamen Familiennamen (vgl. Mühling 2007).

Es ist vor allem der Zeit der Aufklärung zu verdanken, dass sich die Vaterrolle gewandelt hat. Der Vater war nicht mehr das autoritäre, emotionslose und harte Familienoberhaupt. Bedeutende Erziehungstheoretiker wie Jean-Jaques Rousseau wendeten sich gezielt den Vätern zu und sprachen die Männer als Erzieher direkt an! Die Kinder sollten sich nicht mehr dem Vater unterordnen, sondern ihren eigenen Charakter voll und ganz entfalten (vgl. Mühling, 2007, S. 10).

In kleinen Familien wurden Müttern und Vätern feste Rollenmuster zugewiesen, die noch bis ins 19. Jahrhundert hinein Bestand hatten. Der Vater nahm vor allem die Rolle als Beschützer, Ernährer und Vorbild an. Er war das Familienoberhaupt und diese Rolle hatte er auch in der Öffentlichkeit zu vertreten.

Nach dem Zweiten Weltkrieg wurde für die Väter vor allem der Beruf, das soziale Ansehen und die zu erbringende Leistung wichtig. Dadurch konnte für die Familie zwar ein besserer Lebensstandard ermöglicht werden, doch durch die ständige Abwesenheit der Väter – ähnlich wie zu der Zeit der Industrialisierung – entstand eine geringe emotionale Verbindung zwischen Vätern und ihren Kindern.

Die Gesellschaft begann mit der Zeit immer mehr familiäres Engagement von den Männern zu fordern. Sie sollten den Kindern und insbesondere den Söhnen ein Vorbild sein. Männer sollten ihnen Hobbys und sportliche Betätigung näherbringen. Auch wenn Männer aufgefordert wurden, einen intensiveren Beitrag zur Kindererziehung zu leisten, so war damit noch nicht die Mithilfe im Familienhaushalt gemeint (vgl. Bundesministerium für Familie, 2005).

Im Rahmen der Emanzipationsbewegung wurde die Gleichstellung und damit auch die Neubewertung der beiden Geschlechterrollen zum Thema. So hat sich in den vergangenen 50 Jahren nicht nur die Gesellschaft und die Rolle der Frau grundlegend geändert, sondern damit einhergehend auch die Vaterrolle. Männer und Frauen wurden sowohl im Beruflichen wie auch im Privaten gleichberechtigt. Eine klare Rollenzuweisung wird so immer schwieriger.

Kurzum lässt sich festhalten: Der Wandel der Vaterrolle ist richtig wichtig und von immenser Bedeutung, denn Kinder brauchen nicht nur die Mutter, sondern auch den Vater, um sich optimal entwickeln zu können und glücklich zu sein!

Kinder brauchen Väter, die eine enge, emotionale und liebevolle Bindung zu ihnen aufbauen und das vom ersten Augenblick an! Das bedeutet: Je mehr Du Dich mit Deinem Kind beschäftigst und je mehr Zeit Du mit Deinem Kind verbringst, desto besser lernst Du es kennen. Umso intensiver wird die Beziehung zwischen Dir und Deinem Kind sein!

Forscher haben sich in diesem Zusammenhang immer wieder mit den naturgegebenen Unterschieden zwischen Müttern und Vätern beschäftigt. Dabei hat sich gezeigt, dass Väter, die sich längere Zeit mit ihrem Baby beschäftigen, einen sinkenden Testosteronwert aufweisen. Hingegen steigt der Spiegel des Bindungs- und Kuschelhormons Oxytocin. Das bedeutet, dass sich auch der hormonelle Haushalt von Vätern ähnlich wie der von Müttern verändert. Papas werden fürsorglicher und suchen von sich aus, die enge Bindung zum Kind.

Das hat selbstverständlich eine intensive Wirkung auf das Baby, denn dieses wendet sich dem Papa deutlich mehr zu. Auf diese Weise entsteht eine tiefe und innige Bindung zwischen Papa und Kind.

DEIN KIND BRAUCHT DICH!

Du möchtest ein guter Papa sein. Na klar und deshalb hast Du Dir vermutlich auch diesen Ratgeber gekauft. Ein sehr wichtiger Schritt in die richtige Richtung, denn Aufklärung ist das A und O.

Deine spätere emotionale Beteiligung an der Erziehung, die Zuwendung und Dein persönlicher Umgang mit Deinem Kind wird es nachhaltig prägen – im positivsten Sinne. Dein väterliches Engagement und Deine liebevolle Zuwendung haben damit auch auf künftige Generationen einen förderlichen Effekt. Anders ausgedrückt: Dein Einsatz bereichert! Und somit können auch intensive Vater-Kind-Beziehungen zu einer wertvollen Tradition in Eurer Familiengeschichte werden.

Auch wissenschaftliche Forscher sind zu dem Ergebnis gekommen, dass Kinder lebenslang davon profitieren, wenn sie von ihren Vätern (und Müttern) einen guten Start ins Leben bekommen haben.

Doch was macht das Papa-Sein eigentlich aus? Was macht Vatersein so außergewöhnlich?

- Kinder von liebevollen und engagierten Vätern entwickeln sich Forschungen zufolge deutlich besser als Kinder, die von keiner liebevollen Vater-Kind-Bindung profitieren.

- Papas spielen im Allgemeinen mit ihren Kleinen mit vollem Körpereinsatz. Sie überraschen die Kinder dementsprechend auch mit immer neuen (Spiel-)Situationen. Auf diese Weise lernen Kinder mit Ungewohntem schnell zurechtzukommen.

- Es hat sich auch herausgestellt, dass Kinder, deren Väter sich um schulische Angelegenheiten kümmern, bessere Schulnoten und eine positivere Einstellung zur Schule allgemein haben.

- Wenn Väter mit ihren Söhnen einen eher partnerschaftlichen Erziehungsstil pflegen, dann wachsen diese zu beliebten, freundlichen Jungen heran. Sie können leichter Freundschaften knüpfen als die Söhne von strengen, autoritären Vätern und haben auch eine höhere soziale Anerkennung.

- Kinder, die eine vertrauensvolle Bindung zu ihren Vätern haben, sind im späteren Lebensverlauf weniger ängstlich.

- Töchter, die von einer aktiven und liebevollen Vater-Kind-Bindung profitieren, sind selbstständiger und selbstbewusster.

Ein guter Vater liebt seine Kinder bedingungslos und ist immer für sie da. Wenn Väter für ihre Babys bereits präsent sind, kann eine eigenständige Vater-Kind-Bindung aufgebaut werden. Wenn die Väter nicht von Anfang an fürsorglich und liebevoll mit an Bord sind, herrscht kein enges und vertrauensvolles Miteinander.

Eine gelungene Vater-Kind-Beziehung sorgt jedoch dafür, dass die Kleinen viel zufriedener leben und glücklich aufwachsen.

Und nicht nur für die Kinder ist eine intensive Vater-Kind-Bindung wichtig und positiv! Nein, auch aktive Väter sind deutlich gesünder. Sie toben und spielen mit ihren Kindern an der frischen Luft, sie entspannen miteinander und genießen Momente, in denen man einfach mal nichts tut.

Moderne „gute" Papas möchten ihren Kindern ein Vorbild sein, zum Beispiel durch eine gesunde Ernährung oder durch den Verzicht auf Nikotin.

Väter, die sich liebevoll und viel mit ihren Kindern beschäftigen, haben seltener den Selbstanspruch, „ein harter Kerl" sein zu müssen. Als aktiver und liebevoller Vater steht einfach der Spaß und das schöne Miteinander im Fokus – und davon profitiert die Gesundheit aller Beteiligter.

Tipps & Hacks für Väter während der Schwangerschaft

- Sorge für Deine Familie und deren finanzielle Sicherheit vor wie z.B. durch:
  - die Bildung von Rücklagen (ETFs, Festgeld-/ Tagesgeldkonten),
  - eine zusätzliche Einkommensquelle (Nebenjob, passives Einkommen, Produkttester etc.),
  - das Führen eines Haushaltsbuches (um die Ausgaben im Blick zu behalten),
  - eine Berufsunfähigkeitsversicherung (für finanzielle Sicherheit sorgen).

- Bleibe stark, aber zeige dennoch Deine Gefühle. Viele Frauen entwickeln während der Schwangerschaft ein besonderes Schutzbedürfnis. Versuche Deiner Partnerin stets zu signalisieren, dass Du an ihrer Seite bist und sie sich uneingeschränkt auf Dich verlassen kann. Sprich mit ihr regelmäßig über Deine Ängste und Sorgen.

- Werde Dir Deiner Verantwortung gegenüber Deiner Partnerin und Deinem ungeborenen Baby bewusst. Die Geburt eines Kindes verändert das ganze restliche Leben sowohl für Dich selbst als auch für Deine Partnerin.

- Sprich mit anderen Vätern, um Dich mit ihnen über Tipps und alltägliche Probleme auszutauschen.

- Bilde zusammen mit Deiner Partnerin ein unschlagbares Team. Höre ihr immer aufmerksam zu und erlebt gemeinsam schöne und eindrucksvolle Momente. Teilt einfach Freude und Ängste miteinander.

- Vermittele Deiner Partnerin, dass Du verstehen kannst, was die Schwangerschaft körperlich und seelisch für sie bedeutet. Werdenden Müttern tut es sehr gut, wenn sie merken, dass ihr Partner die Strapazen, die eine Schwangerschaft mit sich bringen kann, anerkennt und ernst nimmt.

- Sei nicht zu schweigsam, sondern sprich offen mit Deiner Frau über das, was in Dir vorgeht.

- Stress ist nicht gut für Deine Partnerin und auch nicht für Euer Baby. Versuche daher, ihr bei der Hausarbeit unter die Arme zu greifen und sie zu entlasten, wo immer es möglich ist.

- Halte Dich auch mit dem Alkoholgenuss & dem Rauchen zurück, dann fällt der Verzicht auch Deiner Partnerin leichter.

- Schütze Dein ungeborenes Kind, indem Du auf das Rauchen in der Nähe Deiner schwangeren Partnerin verzichtest.

- Werde Dir darüber bewusst, was für ein Vater Du gerne sein möchtest. Mache Dir konkret Gedanken darüber, wie Dein Berufsleben aussehen soll. Möchtest Du beruflich weiterhin sehr aktiv sein oder hast Du das Bedürfnis, viel Zeit mit Deiner Familie zu verbringen? Gehe gedanklich alle Szenarien durch und überlege, welche Wünsche und Vorstellungen Du für die Zukunft hast.

- Unternehmt gemeinsame Dinge, solange es für Deine Partnerin noch gut machbar ist. Du kannst zum Beispiel mit ihr einen entspannenden Spaziergang machen oder gemeinsam schwimmen gehen. Sei ruhig stolz auf die Heldin an Deiner Seite und auf Euer gemeinsames Baby.

- Sprecht rechtzeitig über den Namen des Babys. Wenn Du das Geschlecht genau kennst, könnt Ihr noch gezielter überlegen.

- Informiere Dich über die erforderlichen Behördengänge: Anträge auf Eltern-, Mutterschafts- oder Kindergeld solltest in jedem Fall Du übernehmen. Kümmere Dich in den Tagen nach der Geburt um die Anmeldung des Kindes beim örtlichen Einwohnermeldeamt sowie beim

Standesamt. Überlege Dir zudem, ob Du in den ersten Wochen oder Monaten Elternzeit bei Deinem Arbeitgeber beantragen möchtest.

Wenn Du und Deine Partnerin nicht verheiratet seid, musst Du die Vaterschaft amtlich anerkennen lassen und eine sogenannte Sorgerechtserklärung abgeben.

Mehr Informationen findest Du auch unter:
Informationsportal des Bundesfamilienministeriums
www.familienportal.de

- Vergleiche die Erziehung Deiner Eltern mit Deinen eigenen Wünschen für die Erziehung Deines Kindes. Gerade die eigene Kindheit ist eine sehr prägende Zeit. Überlegen Dir, ob es vielleicht Dinge gibt, die Du von Deinem eigenen Vater übernehmen möchtest. Was würdest Du ganz bewusst anders machen?

- Familienangehörige und Freunde würden am liebsten permanent bei Dir vor Ort sein und keinen Augenblick der Schwangerschaft verpassen. Doch Deine Partnerin braucht viel Entspannung und Ruhe daher darfst Du ruhig den Türsteher spielen und Besucher nach Bedarf ein wenig ausbremsen. Beschütze Deine kleine Familie.

Gerade der Augenblick der Geburt wird für Euch als Paar sehr emotional und herausfordernd werden. Lass Deine

Partnerin in diesem Moment nicht allein und erlebt gemeinsam dieses eindrucksvolle Wunder, bei dem ein neues Leben auf die Welt kommt.

WIR SIND SCHWANGER! SIND MÄNNER „CO-SCHWANGER“?

Einigen Männern fällt es alles andere als leicht, sich in die Partnerin hineinzuversetzen. Andere hingegen sind im übertragenen Sinne „selbst schwanger“. Sie nehmen ähnlich wie die schwangere Partnerin an Gewicht zu und können sogar unter Stimmungsschwankungen und Übelkeit leiden. Sie integrieren die Schwangerschaft der Frau in die eigene Realität und den eigenen Lebensalltag.

Die Wissenschaft kennt dieses Phänomen und spricht in diesem Zusammenhang vom „Couvade-Syndrom“. Grob ausgedrückt bezeichnet dieser Begriff das psychische und physische Erleben werdender Väter.

Diese Co-Schwangerschaft äußert sich durch bestimmte „Symptome“:

Eines der offensichtlichsten Anzeichen für das Vorliegen des Couvade-Syndroms ist die „Anteilnahme“ der Männer an der Schwangerschaft der Partnerin in Form der eigenen Gewichtszunahme.

Befragungen und Untersuchungen in Geburtsvorbereitungskursen haben zum Beispiel gezeigt, dass werdende Mütter im Schnitt 10 bis 15 kg an Gewicht zunehmen. Auch Väter bringen mehr auf die Waage, nämlich im Schnitt 4 bis 5 kg mehr. Die Co-Schwangerschaft der werdenden Papas kann sich aber darüber hinaus durch Übelkeit, Müdigkeit, Abgeschlagenheit, Sodbrennen, Verdauungsprobleme, Stimmungsschwankungen und Rückenbeschwerden äußern.

Wie viele Männer von einer Co-Schwangerschaft betroffen sind, lässt sich statistisch nur sehr schwer erheben. Das Syndrom ist medizinisch nicht anerkannt und hat somit keinen Krankheitswert. Schätzungsweise sollen aber rund 25 – 50 % aller werdenden Väter davon betroffen sein.

Die Wissenschaft geht davon aus, dass das Couvade-Syndrom Männern dabei hilft, sich mit dieser Zeit des intensiven Umbruchs auseinanderzusetzen und mit den bevorstehenden Herausforderungen der Vaterschaft zurechtzukommen. Die Schwangerschaft verändert nämlich so einiges. Das betrifft nicht nur den Alltag, das Leben, der werdenden Mama oder die Partnerschaft. Auch das Leben der werdenden Väter wird ordentlich durcheinandergewirbelt.

Männer versuchen auf diese Weise, für sich selbst einen Weg zu finden, um sich sowohl mental wie auch körperlich auf das neue Leben vorzubereiten. Aus einem Paar wird schon bald eine Familie werden und nicht wenige Männer fühlen sich nach der Geburt des Kindes automatisch in die „zweite Reihe" versetzt.

Des Weiteren haben Männer einen zusätzlichen, aber entscheidenden Nachteil: Sie können zwar an der Schwangerschaft der Partnerin Anteil nehmen, doch den tatsächlichen Reifungsprozess des Kindes erleben sie nicht mit, denn sie tragen das Baby ja körperlich nicht aus.

Es fehlt ihnen sozusagen der direkte Kontakt und Bezug zum ungeborenen Kind. Männer sind immer auf die Schilderungen der Partnerin sowie auf die eigenen Beobachtungen angewiesen. Es ist aus wissenschaftlichem Gesichtspunkt aber gar nicht ungewöhnlich, dass sich werdende Väter „solidarisch" mit der Partnerin zeigen und sich aus dieser Basis heraus unbewusst das Couvade-Syndrom entwickelt.

IST DIE CO-SCHWANGERSCHAFT HORMONELL BEDINGT?

Es ist schon eine spannende Überlegung, warum das Couvade-Syndrom bei manchen werdenden Vätern auftritt und bei anderen wiederum nicht. Die Studienlage hierzu ist sehr dünn. Die exakten körperlichen und psychischen Ursachen der Co-Schwangerschaft sind bislang noch ungeklärt. Man weiß auch nicht, ob nicht mehrere Faktoren ineinanderwirken.

Es ist jedoch wissenschaftlich erwiesen, dass sich nicht nur der hormonelle Haushalt der werdenden Mütter verändert, sondern auch der des Mannes. So produziert der Körper werdender Väter größere Mengen an Cortisol und Östradiol; in klassisches Frauenhormon. Hingegen sinkt der Testosteronspiegel im Körper ab.

Diese hormonellen Veränderungen könnten evolutionsbiologische Gründe haben: Der Mann entwickelt einen Beschützerinstinkt, das heißt, er möchte seine Frau und auch das ungeborene Baby schützen. Gleichzeitig steigt die Empathie der Partnerin gegenüber. Und diese Hormonveränderungen haben natürlich körperliche Folgen, die sich dann in der „Symptomatik des Couvade-Syndroms" äußern können.

Britische Forscher haben zudem herausgefunden, dass manche Männer in dieser emotionalen Zeit der Schwangerschaft eine Art „Gebärneid" entwickeln. Sie fühlen sich gefühlsmäßig vernachlässigt, denn die werdende Mutter bekommt von allen Seiten deutlich mehr Zuwendung und Aufmerksamkeit. Zudem werden sich Männer in dieser Zeit noch einmal bewusster, dass sie naturbedingt keine Kinder austragen können. Sie erleben die Schwangerschaft als eine einzigartige Zeit und Erfahrung, die nur Frauen vorbehalten ist.

HOCH & TIEF – FREUDE, ZWEIFEL, FRAGEN…

Ganz klar: Vater werden ist eine der schönsten, jedoch manchmal größten Herausforderungen im Leben eines Mannes.

Für die meisten Männer ist es ein großartiges Gefühl, Papa zu werden. Ein Kind bringt deutlich mehr Tiefgang und Verbindlichkeit in eine Paarbeziehung und hat eine wertvolle Bedeutung für das ganze Leben!

Ein Kind verleiht dem eigenen Dasein oftmals einen tieferen Sinn! Man wird wichtig für einen anderen kleinen Menschen und hat zugleich die Möglichkeit, etwas von sich selbst an jemand anderen weiterzugeben.

Sehr viele werdende Papas können es kaum erwarten, mit dem eigenen Kind zu spielen, durch das Wohnzimmer zu krabbeln, zu kuscheln, zu toben, Ball zu spielen und zu lachen.

Doch es ist nicht immer alles Gold, was glänzt. Insbesondere bei ungeplanten Schwangerschaften kommt es oft zu

Fragen und es türmen sich Hürden auf. Ebenso kann es ganz schön schwierig werden, wenn der Nachwuchs unterwegs ist, Du aber nicht mehr mit Deiner Partnerin zusammen bist. Dann können sich besonders leicht Zweifel und Bedenken einschleichen. Man beginnt, sich bange Fragen zu stellen oder sogar alles infrage zu stellen.

Mach Dir bitte keine Sorgen, auch das ist nicht ungewöhnlich.

Es gibt viele Beratungsstellen und Adressen, die Dir in dieser schweren Lage helfen können.

Hilfe im Trennungsfall:
Väterratgeber und Väterzentrum: *www.vaeterratgeber.de*

Väteraufbruch für Kinder e.V.
www.vaeteraufbruch.de

Väterzentrum e.V. – wichtige Infos für Väter – Beratung
www.vaeterzentrum-berlin.de

Viele werdende Papas plagen sich mit nicht so erfreulichen Gedanken, vor allem dann, wenn sie sich selbst noch nicht bereit fühlen, Vater zu werden. Vater sein ist keine Aufgabe für einen Monat oder ein Jahr, sondern eine lebenslange Verpflichtung, die viel Verantwortung erfordert. Die Entscheidung, Verantwortung für einen oder mehrere Kinder zu übernehmen, fällt nicht jedem Mann leicht. Es ist aber völlig normal, dass sich solche Fragen und Sorgen einschleichen. Selbst viele werdende Mamas kämpfen mit solchen Gedanken. Bleibt hier unbedingt im Austausch miteinander, sprecht über Eure Zweifel und Sorgen. Häufig lässt sich vieles im gemeinsamen Gespräch klären und Ihr könnt Euch auch gegenseitig beruhigen.

Vaterschaft bedeutet, Verantwortung zu übernehmen und verbindlich zu sein! Es ist eine Bindung, ein Verhältnis, das nicht wie ein Arbeitsvertrag einfach gekündigt werden kann. Wer einmal Papa ist, der ist es für den Rest seines Lebens. Nicht nur Mütter, sondern auch Väter tragen damit eine sehr große Verantwortung.

Da ist es nachvollziehbar, dass man sich in den Monaten der Schwangerschaft mit den diversesten Fragen konfrontiert:

- Gehört Papa-Sein zu meiner Lebensplanung?
- Wie viel Verantwortung kann und möchte ich eigentlich übernehmen?
- Ist jetzt der richtige Zeitpunkt, um Papa zu werden?
- Fühle ich mich zu alt für Kinder oder vielleicht eher zu jung?
- Wird ein Baby meine Freiheiten einschränken? Werde ich Freunde seltener treffen können und meine Hobbys nicht mehr wie zuvor ausüben können?

- Wie viel Unterstützung haben wir aus unserem sozialen Umfeld? Haben wir Eltern, Schwiegereltern oder Geschwister in der Nähe?
- Wird mein Baby gesund das Licht der Welt erblicken?
- Möchte ich Elternzeit nehmen und die ersten Wochen mit meinem Kind und meiner Partnerin verbringen?
- Wenn man getrennt ist von der Partnerin: Wie sieht das Umgangs- und Sorgerecht aus? Wie häufig werde ich mein Kind sehen können, vor allem wenn es noch ganz klein ist?
- Wird meine Frau die Schwangerschaft und auch die Geburt gut überstehen? Was für Komplikationen könnten auf uns zukommen?
- Kann ich mir Kinder finanziell leisten?
- Kann ich mir Kinder zeitlich leisten oder fordert mich mein Job zu sehr?
- Wie wird sich meine Partnerin mit den körperlichen Veränderungen fühlen?
- Wie wird sich unsere Paarbeziehung und unsere Sexualität entwickeln?
- Passt ein Baby aktuell in unseren Lebensentwurf?
- Wird sich meine Persönlichkeit durch das Baby verändern?

Solche Überlegungen sind völlig normal! Bedenken und Befürchtungen liegen stets in der Nähe von Freude und Glück. Eine Schwangerschaft, die Geburt und schließlich die gemeinsame Zeit zu dritt, all das ist eine sehr spannungsreiche Phase. Auch andere Lebensbereiche wie etwa Freundschaften, Freizeit und Beruf müssen neu überdacht und koordiniert werden.

Sprecht miteinander und versuche für Dich selbst diese Fragen zu beantworten. Sprich auch mit anderen, zum Beispiel mit Eltern oder Freunden, wenn Du spürst, dass es Dir guttun würde.

Du kennst das Sprichwort: „Reden ist Silber, Schweigen ist Gold“: Das ist in diesem Zusammenhang der absolut falsche Weg! Im Gegenteil: Reden ist Gold! Friss nichts in Dich hinein! Hol Dir ruhig einen guten Rat von anderen, vielleicht von Freunden, die bereits selbst Vater sind. Auch sie waren in derselben Lage wie Du. Sie haben mit denselben Ängsten, Sorgen und Zweifeln gekämpft und können Dir bei entscheidenden Schritten weiterhelfen. Sie können Dich beruhigen, falls das Gedankenkarussell mal gar nicht zum Stillstand kommen möchte.

Schließlich soll bei allen rationalen Überlegungen und Bedenken die Freude auf Dein Kind überwiegen. Die Schwangerschaft ist eine einzigartige Zeit und die solltest Du in vollen Zügen mit Deiner Partnerin genießen

Es ist also ganz normal, zwischen Sorgen, Ängsten und Freude hin- und hergerissen zu sein. Auch Deiner Partnerin geht es vermutlich so. Doch wer seine Gefühle zur Sprache bringt, der kann sie richtig verarbeiten und bewältigen.

Auch Ärzte, Hebammen und Beratungsstellen stehen Euch gerne zur Verfügung. Kommunikation – hilft immer, vor allem in Zeiten intensiver Veränderungen!

Reden befreit, entlastet innerlich und eröffnet Euch als werdende Eltern ganz neue Horizonte.

Scheue Dich also nicht, Hilfe von Familienberatern in Anspruch zu nehmen. Die Experten sind spezialisiert auf Zweifel und Ängste, mit denen sich Männer in der Schwangerschaft konfrontiert sehen. Du musst Dich hier für absolut nicht schämen! Die Experten der Beratungsstellen erklären Dir alles und können Dir zudem auch bei organisatorisch-bürokratischen Dingen helfen! Genau das erleichtert vieles für junge Väter und nimmt ihnen viele Sorgen weg.

Im Anhang dieses Buches findest Du viele hilfreiche Adressen und Ansprechpartner, an die Du Dich wenden kannst.

Tipp:
Rede immer mit Deiner Partnerin über Deine Emotionen und Gedanken in Bezug auf Deine Vaterschaft.

Sprich mit Deinem eigenen Papa, wenn Du eine gute Bindung zu ihm hast. Wie war das für ihn, als er Dich erwartet hat? Was hatte er für Sorgen und Gedanken? Für werdende Eltern verändert sich die Beziehung zu den eigenen Eltern häufig nochmal sehr stark.

LET'S GO!
EINE SPANNENDE REISE BEGINNT

Du wirst schon bald Papa – Glückwunsch! Die nun folgenden Wochen und Monate werden eine sehr turbulente, spannende und ereignisreiche Zeit werden. Genieße sie in vollen Zügen und erfahre hier, was Dich während der einzelnen Wochen erwartet.

SSW
1–4

MONAT 1: „GLÜCKWUNSCH, DU WIRST PAPA!"

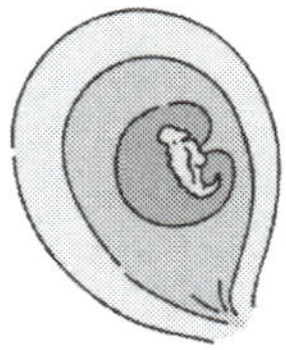

Im Schnitt braucht ein Baby für seine gesamte Entwicklung und Reifung vom Zeitpunkt der Befruchtung bis hin zur Geburt ungefähr 267 Tage: Das entspricht einem Zeitraum von 38 Wochen.

Der exakte Tag der Zeugung kann aber nur in den seltensten Fällen genau ermittelt werden. Aus diesem Grund ist es üblich, dass der Geburtstermin ausgehend vom letzten Tag der Monatsblutung Deiner Partnerin berechnet wird. Somit wird für die Babyentwicklung ein Zeitraum von 280 Tagen – also 40 Schwangerschaftswochen – angesetzt.

Ärzte und Hebammen unterteilen die Zeit der Schwangerschaft in Drittel: Der fachterminologische Ausdruck dafür lautet „Trimester". Jedes Schwangerschaftstrimester umfasst also drei Monate.

Die ersten beiden Wochen sind von besonderer Bedeutung, auch wenn Deine Partnerin in dieser Zeit noch gar nicht „tatsächlich schwanger" ist. Diese Tage bilden die Berechnungsgrundlage für den späteren Geburtstermin Eures Kindes. In dieser Zeit bereitet sich der Körper Deiner Frau auf eine Schwangerschaft vor, denn die eigentliche Befruchtung findet erst in der dritten Schwangerschaftswoche statt.

In der Gebärmutter beginnt jedes menschliche Leben, doch bevor hier überhaupt ein Baby heranwachsen kann, muss eine kleine Eizelle auf eine lange und riskante Reise gehen.

Hunderttausende von Eizellen warten im Eierstock auf ihre Chance, doch nur eine von ihnen kann letztlich den langen Weg zur Gebärmutter antreten und dort zu einem neuen kleinen Menschen heranreifen.

In der ersten Zyklushälfte beginnen einige Eizellen unter dem Einfluss der weiblichen Hormone zu reifen und zu wachsen. Jede dieser Eizellen ist von einem sogenannten Follikel, also einem Eibläschen, umgeben. Von allen Eizellen wächst nun eine jedoch schneller als die anderen: Sie ist auch die Einzige, die den nächsten Schritt schaffen wird, nämlich den Eisprung (Ovulation). Die Eizelle „platzt" sozusagen aus dem Eierstock in den Eileiter-Trichter heraus und beginnt nun die Reise zu ihrem Ziel: der Gebärmutter! Doch der Weg ist anstrengend und es lauern viele Gefahren: Die kleine Eizelle könnte zum Beispiel jeden Moment in einer Schleimhautvertiefung kleben bleiben.

Im Eileiter kommen ihr die Samenzellen entgegen und hier findet auch die Befruchtung statt: Einem Spermium wird es letztlich gelingen, an der zuckerhaltigen Schicht der Eizelloberfläche kleben zu bleiben und sich durch die Außenhülle ins Innere zu bohren. Sobald die innere Membran durchbrochen wird, verändert die weibliche Eizelle ihre biochemische Zusammensetzung: Infolgedessen werden alle weiteren Samenzellen ausgesperrt.

Beide Zellmembranen verschmelzen nun miteinander und das neue Leben ist gezeugt. Deine „väterlichen" Erbinformationen beginnen sich ab jetzt mit denen Deiner Partnerin zu neuen Chromosomen heranzuformen. Das bedeutet, dass sowohl in der Ei- wie auch in der Samenzelle Erbinformationen gespeichert sind, die für die Entstehung des neuen Menschleins unverzichtbar sind. Zu diesem Zeitpunkt werden wesentliche Merkmale Eures Kindes festgelegt, so etwa die Haarfarbe, die Augenfarbe oder auch das Geschlecht.

Die Eizelle gilt jetzt als befruchtet und beginnt sich zu teilen – erst in zwei Zellen und dann in mehrere. Die erste Zellteilung setzt nach ungefähr 30 Stunden ein.

Nach ungefähr 14 Tagen hat die Eizelle endlich ihr Ziel erreicht und kann sich in der Gebärmutter wie in einem „Bettchen" einnisten. Dort beginnt sie sich weiterhin zu teilen. Hieraus entsteht anschließend auch die Plazenta: Dieser „Mutterkuchen" verbindet sich mit dem Organismus Deiner Partnerin und sorgt in den bevorstehenden Monaten für die Versorgung des Babys. Über die Plazenta wird Euer Baby mit sämtlichen lebensnotwendigen Nährstoffen versorgt, die es zum Wachsen und Reifen braucht.

Ist die Einnistungsphase – die sogenannte Implantation – dann vollständig abgeschlossen, werden bestimmte Hormone ausgeschüttet. Sie bewirken die notwendigen körperlichen Veränderungen, die zwingend erforderlich sind, damit sich das Embryo gut und gesund entwickeln kann.

Sobald sich die kleine Zell-Kugel erfolgreich eingenistet hat, bleiben die monatlichen Regelblutungen aus. Das ist im Grunde das erste Anzeichen einer Schwangerschaft (– also an dieser Stelle nochmals: Glückwunsch!)

By the way: Wie lange können Spermien eigentlich überleben?

Nach der Ejakulation sind Spermien unterschiedlich lange zeugungsfähig. Wie lange das genau ist, hängt davon ab, wo sich die Samenzellen befinden:

- An der Luft sind die Samen zum Beispiel einen Tag lang zeugungsfähig, sofern sie nicht vorher austrocknen.
- In der Gebärmutter können Spermien hingegen viel länger überleben.
- Insbesondere in den fruchtbaren Tagen herrschen im Uterus für die männlichen Samen optimale Lebensbedingungen, denn sie finden hier ein spezielles Muttermundsekret vor, das aus Eiweiß und Zucker besteht.

An den unfruchtbaren Tagen ist das Milieu in der Gebärmutter komplett anders. Zudem ist auch der Muttermund mit einem undurchdringlichen und festen Schleim verschlossen. Dieser „Schleimpfropf" wird nur vor der Ovulation (dem Eisprung) lockerer, öffnet sich für einen kurzen Moment und schließt sich anschließend wieder.

Von den vielen Hundert Spermien, die unterwegs sind, kommen nur die wenigsten tatsächlich am Ziel an. Die Eizelle sendet spezielle Lockstoffe aus, um das Spermium zu ködern. Es handelt sich um das Sexualhormon Progesteron.

Äußerlich ist die Schwangerschaft im ersten Monat nicht sichtbar! Doch im Körper Deiner Partnerin hat die Befruchtung der Eizelle zu vielen verschiedenen hormonellen Veränderungen geführt.

Diese Veränderungen im Hormonhaushalt sind äußerst wichtig für die Aufrechterhaltung der Schwangerschaft, die Einnistung der befruchteten Eizelle und die zukünftige Entwicklung des Babys.

Viele werdende Mamas verspüren jedoch schon vor dem Ausbleiben der monatlichen Regelblutung die ersten Schwangerschaftsanzeichen: Die Brüste beginnen zu spannen, Kopfschmerzen können sich einstellen und zum Zeitpunkt der Eizellen-Einnistung in der Gebärmutter kann es zu einer leichten Schmierblutung kommen. Diese Blutung wird in der Medizin als „Nidations- oder Einnistungsblutung" bezeichnet.

Sobald Du weißt, dass Du Papa wirst, solltest Du Deine Partnerin bei körperlichen Tätigkeiten entlasten. Alles, was beispielsweise schwerer als fünf Kilogramm ist, ist für die nächsten Monate Dein Part! Vor allem in den ersten Wochen der Schwangerschaft kann eine Überanstrengung nämlich zu Fehlgeburten oder im weiteren Schwangerschaftsverlauf zu Frühgeburten führen.

Versuche also für Deine Frau unnötigen Stress zu vermeiden. Du bist ihr die wichtigste Stütze und Deinem Baby auch, denn schon jetzt ist das Kind sehr empfänglich für die Gefühlsschwankungen der Mama.

HEBAMME & FRAUENARZTPRAXIS – PROFESSIONELLE BEGLEITUNG DURCH DIE SCHWANGERSCHAFT

Zu Beginn der Schwangerschaft sollte sich Deine Partnerin für eine Frauenärztin/einen Frauenarzt entscheiden. Sehr viele werdende Mamas wollen sich zusätzlich von einer Hebamme begleiten lassen. Das ist auch sehr sinnvoll, denn der Hebamme können nicht nur viele wichtige Fragen gestellt werden, sondern bei ihr können ebenfalls die Mutterschaftsvorsorgeuntersuchungen durchgeführt werden. Jede schwangere Frau, die keine Gesundheitsprobleme hat, darf selbst entscheiden, ob sie sich für die Vorsorge beim Arzt oder bei der Hebamme besser aufgehoben fühlt.

Die Hebamme kann auch den Mutterpass ausstellen. Jede werdende Mama bekommt zu Beginn der Schwangerschaft dieses Dokument ausgehändigt. In diesem wichtigen Büchlein werden alle wichtigen Untersuchungsbefunde, Entwicklungsverläufe und Laborergebnisse eingetragen.

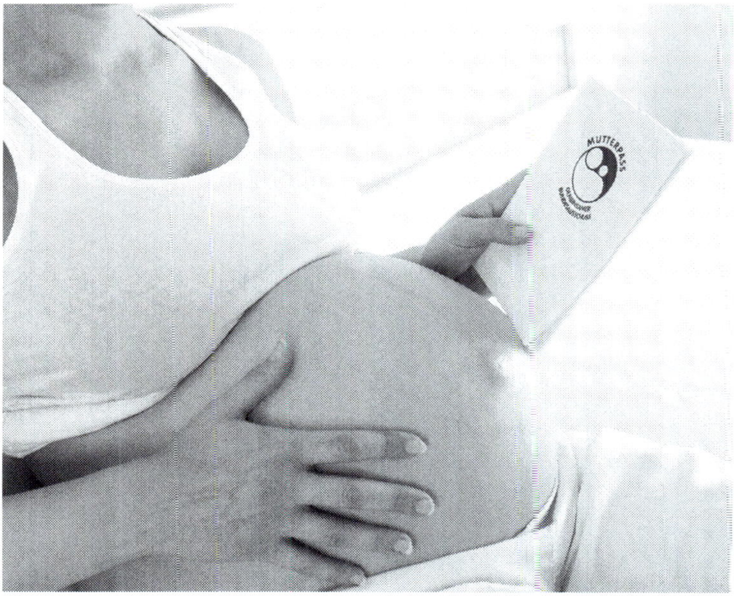

Die Hebamme sorgt zuverlässig dafür, dass alle wichtigen Blutproben ins medizinische Labor kommen.

Wie gesagt, kann sie auch die vorgesehenen Mutterschafts-vorsorgeuntersuchungen durchführen. Ausnahmen bilden die Ultraschalluntersuchungen!

Grundsätzlich kümmert sich die Hebamme um Folgendes:

- Schwangerschaftsvorsorge: Gespräche, Tastuntersuchung, Abhören
- Hilfe bei Schwierigkeiten und Beratung bei offenen Fragen
- Lage Eures Babys
- Geburtsvorbereitung
- Geburtsbegleitung
- Hausbesuche vor und auch nach der Geburt
- Nachsorge
- Rückbildungsmaßnahmen wie beispielsweise gezielte Gymnastik
- Überwachung der Baby-Entwicklung
- Seelischer Beistand für werdende Mütter und Väter bei Ängsten o. Ä.
- Hilfestellung bei der Pflege des Kindes
- Rat und Tat bei Stillproblemen

Es ist sehr wichtig, dass sich Deine Partnerin bei der Hebamme rundum wohlfühlt und sich in guten Händen aufgehoben weiß. Ermutige sie deshalb immer wieder, nach ihrem eigenen Bauchgefühl zu entscheiden, von wem sie lieber betreut werden möchte. Das ist eine Typ-Frage und diese Entscheidung sollte und kann Euch niemand abnehmen!

Wer hingegen eine Risikoschwangerschaft hat oder das erste Kind erwartet, sollte eher zu einer ärztlichen Betreuung tendieren.

Das heißt jedoch nicht, dass nicht begleitend eine Hebamme hinzugezogen werden kann. Sie ist für werdende Mamas oft die wichtigste Vertrauensperson. Mit ihr können verschiedene Unsicherheiten bezüglich der Schwangerschaft besprochen werden und das gibt den meisten Frauen ein großes Sicherheitsgefühl.

Auf *www.hebammensuche.de* könnt Ihr gezielt und passend zu Eurem Wohnort nach einer Hebamme suchen.

SSW
5–8

MONAT 2:
DAS KLEINE HERZ BEGINNT ZU SCHLAGEN

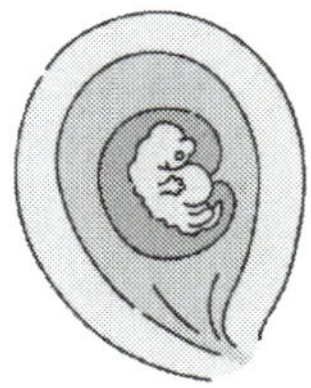

Im zweiten Monat legt Euer Baby einen ordentlichen Entwicklungsschub hin. Am Anfang ist das Embryo noch eine kleine rundliche Ansammlung von Zellen. Doch im Laufe der kommenden vier Wochen entwickeln sich alle wichtigen Körperorgane.

Nach und nach wird ein kleiner Mensch sichtbar: So sind gegen Ende des zweiten Schwangerschaftsmonats schon die Gesichtszüge Deines Kindes erkennbar. Diese Schwangerschaftszeit ist eine äußerst sensible Zeit! Negative Außeneinflüsse wie etwa Arzneimittel, Alkohol und Zigaretten können zu schwerwiegenden Entwicklungsstörungen führen.

- Deine Partnerin weiß zu diesem Zeitpunkt im Allgemeinen schon von der Schwangerschaft. Die Regelblutung ist ausgeblieben und mit einem Schwangerschaftstest lässt sich das Ergebnis schon ziemlich sicher bestimmen.

- Auch in ihrem Körper vollziehen sich immer mehr Veränderungen: Beispielsweise riecht und schmeckt sie alles viel intensiver.

- Es kann auch sein, dass sie mit Übelkeit und Erbrechen zu kämpfen hat.

  Bewahre Ruhe und mach Dir keine Sorgen, die Übelkeit hält im Allgemeinen nicht sehr lange an. Wasser, Kräutertee oder ein wenig Gemüsebrühe helfen dabei, die Morgenübelkeit zu vertreiben.

  Auch ein Stückchen Zwieback oder schön saftige Früchte wie etwa ein Pfirsich sind sehr gut geeignet. Kauen und Knabbern regt den Speichelfluss an und das vertreibt wiederum Gefühle der Übelkeit. Deine Partnerin kann ebenso zu ein paar Mandeln, Kürbiskernen, Gemüse-Sticks oder Trockenfrüchten greifen.

- Wundere Dich deswegen nicht, wenn sie in diesen Wochen besondere Gelüste oder Abneigungen gegenüber bestimmten Lebensmitteln entwickelt. Das ist bei jeder Frau unterschiedlich. Hier brauchst Du einfach ziemlich viel Geduld! Es kann also gut passieren, dass sie Dich losschickt, um Gurken zu kaufen und bei Deiner Rückkehr überhaupt keine Gurken mehr essen möchte, sondern lieber fruchtige Orangen. Das geht vorbei, versprochen!

- Auch die Haut Deiner Partnerin verändert sich zunehmend. Sie braucht nun eine Extrapflege auf Naturbasis zum Beispiel mit Calendula- oder Mandelöl.

Das Baby in Woche 5

- In der 5. Woche ist Dein Baby 1,25 mm groß. Die Wirbelsäule, das Gehirn und auch der Magen-Darm-Trakt beginnen sich zu entwickeln.
- Dein Kind hat jetzt schon Ohren und Augen, ebenso Muskeln und weiche Knochen. Im Augeninneren bilden sich schon die ersten Anfänge der Netzhaut.
- Die Herzwände wachsen und das Herz unterteilt sich in die unterschiedlichen Herzkammern.
- Auch innere Organe wie Leber und Nieren bilden sich aus.
- In der 5. Woche schließt sich die Nervenröhre, die das Gehirn mit dem Rückenmark verbindet.
- Hände und Füße wachsen langsam. Aus den kleinen Knospen entstehen dann die Beinchen und Ärmchen Deines Babys.
- Der Darm bildet sich aus und der Blinddarm wird fest angelegt.
- Unterhalb der Öffnung, aus der sich später der Mund Deines Kindes formen wird, befinden sich kleine Fältchen, aus denen später Unterkiefer und Hals entstehen werden.

Das Baby in Woche 6

- Das Baby hat nun eine Größe von ungefähr 2 bis 4 mm, wie eine kleine Kaulquappe.
- Das Herzchen beginnt nun zu schlagen, satte 150-Mal pro Minute. Das ist ungefähr doppelt so schnell wie Dein Herz!
- Wichtige Körperorgane wie zum Beispiel die Leber entwickeln sich weiter.
- Im Vergleich zum Babyrumpf ist der Kopf des Kindes noch überdimensional, also noch deutlich zu groß.
- Auch die Gesichtszüge formen sich deutlicher heraus. Es bilden sich große dunkle Flecken an den Stellen, an denen die Augen später sitzen.
- Kleine Öffnungen bilden die Nasenlöcher und kleine Vertiefungen markieren die Position der Ohren.
- Die Händchen und Füßchen sehen aus wie kleine Paddel
- Die Muskelstränge und die Hirnanhangsdrüse beginnen zu wachsen. Ungefähr nach der Wochenhälfte kann Euer Baby schon erste eigene Bewegungen ausführen.

Das Baby in Woche 7

- Das Baby erreicht in dieser Schwangerschaftswoche die Größe einer Traube.
- Der Kopf ist im Verhältnis zum Rumpf noch immer etwas zu groß.
- Lippen, Zunge pigmentierte Netzhäute der Augen und

zwei Nasenlöcher lassen schon sehr gut das kleine Gesichtchen erkennen. Schau doch mal beim „Baby-TV“, der Ultraschalluntersuchung mal ganz genau hin.

- Nun beginnt auch die Zahn- und Gaumenbildung.
- Ärmchen und Beinchen werden etwas länger und bewegen sich jetzt auch.
- Winzige Füßchen und Fingerchen entstehen, doch in dieser frühen Phase der Babyentwicklung weisen sie noch Schwimmhäute auf.
- Im Gehirn entstehen nun die rechte und die linke Gehirnhälfte.
- Die Muskulatur verbindet sich mit dem Nervensystem.
- Das Knochenmark hat seine Aufgabe noch nicht übernommen und bildet noch keine roten Blutkörperchen: In dieser Phase übernimmt die Leber diese Funktion.
- Der Darm, die Leber, die Lunge, die Nieren und die inneren Sexualorgane sind nun vollständig entwickelt.
- Das Baby hat noch eine sehr dünne Haut – papierdünn. Die darunterliegenden Äderchen kommen deutlich zum Vorschein.

Das Baby in Woche 8

- Dein Baby ist in dieser Schwangerschaftswoche ungefähr so groß wie eine Bohne, nämlich 14-20 mm.
- Alle Körperorgane, die Nerven und die Muskulatur beginnen zu arbeiten.

- Beine und Arme wachsen weiter und werden immer stabiler. An den Handgelenken beginnen sich die Händchen zu biegen und die Schwimmhäute an den Füßen verlieren sich. Die Gelenke bilden sich und die Bewegungen Eures Babys sind im Ultraschall schon sehr gut erkennbar.
- Das Innenohr entwickelt sich: Das ist sehr wichtig für das Hörvermögen und den Gleichgewichtssinn.

DIE ERSTEN KONTROLLUNTERSUCHUNGEN BEIM FRAUENARZT BEGINNEN

Nun beginnt auch die Zeit der Vorsorgeuntersuchungen in der Frauenarztpraxis.

Durch die Vorsorgeuntersuchungen und medizinischen Tests soll sichergestellt werden, dass es Eurem Kind gut geht. Es ist sehr sinnvoll, diese Untersuchungen konsequent wahrzunehmen, denn auf diese Weise lassen sich mögliche Gefahren, Probleme oder Risiken frühzeitig erkennen.

Zudem könnt Ihr der Ärztin oder dem Arzt Fragen stellen und habt als werdende Eltern auch die Möglichkeit, Euer Baby optisch kennenzulernen!

Diese Untersuchungen sind ein ganz normaler Bestandteil der Mutterschaftsvorsorge und in der Regel eine normale

Leistung der Krankenkassen. Die einzelnen Versicherer informieren auf ihren Webseiten detailliert darüber.

Zu Beginn der ersten Vorsorgeuntersuchung steht ein gemeinsames Anamnesegespräch über die medizinische Vorgeschichte sowie dem allgemeinen gesundheitlichen Zustand Deiner Partnerin an.

In der ersten Untersuchung wird im Allgemeinen die Schwangerschaft bestätigt und Deine Partnerin bekommt ihren Mutterpass.

Feststellung der Schwangerschaft – 5 bis 8. Schwangerschaftswoche

- Feststellung der Schwangerschaft sowie Ermittlung der aktuellen Schwangerschaftswoche
- Berechnung des Geburtstermins
- Test auf Röteln-Antikörper
- Antikörpersuchtest
- Hämoglobinbestimmung
- Chlamydien-Abstrich

Unter die kostenpflichtigen Vorsorgeleistungen fällt hier:

- Frühultraschall zur Feststellung der Schwangerschaft
- Offizielle Schwangerschaftsbescheinigung zur Vorlage beim Arbeitgeber
- Blutuntersuchung auf Cytomegalie, Listeriose und Toxoplasmose:
  - Bei der Cytomegalie handelt es sich um eine Viruserkrankung, die für das Baby nur dann zur Gefahr wird, wenn die werdende Mutter zum ersten Mal mit dem Erreger in Berührung kommt.
  - Listerien verursachen Lebensmittelvergiftungen, daher solltest Du in der Schwangerschaft bestimmte Nahrungsmittel wie zum Beispiel Rohmilchprodukte vermeiden.

Insgesamt gibt es zehn Untersuchungstermine. Im Rahmen dieser Termine werden sowohl die Gesundheit Deiner Partnerin als auch die Entwicklung Deines Babys beobachtet.

Untersuchungen, die nicht zum Standardrepertoire der gesetzlichen Mutterschaftsvorsorge gehören, fallen unter die sogenannten „Individuellen Gesundheitsleistungen (IGeL)“: Diese Untersuchungen können auf Eurer ausdrücklichen Wunsch oder bei einem begründeten medizinischen Verdacht durchgeführt werden. Wenn medizinische Notwendigkeiten für diese Zusatzleistungen vorliegen, so übernimmt die Krankenkasse auch die Kosten.

Mediziner empfehlen bestimmte Zusatzuntersuchungen zum Beispiel im Rahmen einer sogenannten Risikoschwangerschaft.

Was ist eigentlich eine Risikoschwangerschaft?

Bitte mach Dir keine Sorgen, wenn im Mutterpass der Vermerk „Risikoschwangerschaft" zu finden ist.
Mehr als ein Drittel aller schwangeren Frauen gelten als Risikoschwangere. Das bedeutet lediglich, dass der Schwangerschaftsverlauf besser und engmaschiger medizinisch kontrolliert wird.

Ist Deine Partnerin beispielsweise älter als 35 Jahre, wird sie automatisch als Risikoschwangere klassifiziert, denn rein aus medizinischer Sicht gelten Frauen über 35 als „Spätgebärende".

Je später es zu einer Schwangerschaft kommt, desto wichtiger ist die körperliche Gesundheit der Frau. Auch der persönliche Lebensstil spielt eine maßgebliche Rolle. Es geht wesentlich darum, auf Genussmittel wie Nikotin oder Alkohol zu verzichten, sich ausgewogen zu ernähren, ausreichend zu schlafen und sich genügend zu bewegen. Wer das tut, hat sehr gute Chancen, auch nach dem 35. Lebensjahr schwanger zu werden.

Im Rahmen der Vorsorgeuntersuchungen wird der Fokus verstärkt auf Risikofaktoren gelegt werden. Hierzu gehört zum Beispiel ein erhöhter Blutzuckerspiegel oder ein möglicherweise vorhandener Schwangerschaftsdiabetes. Auch das Risiko für Bluthochdruck in der Schwangerschaft kann bei Frauen über 35 Jahren gegeben sein.

Doch eine „spätere Schwangerschaft" bietet auch viele Vorteile, sowohl in physischer als auch in psychischer Hinsicht. Frauen zwischen dem 35. und dem 40. Lebensjahr haben oftmals eine positivere Einstellung zu ihrem eigenen Körper. Sie sind allgemein viel gelassener und können sich auf anstehende Veränderungen einfach leichter einstellen. Eine Frau, die das 35. Lebensjahr überschritten hat, weiß in der Regel genau, was sie will.

Auch die finanzielle Unabhängigkeit ist im Allgemeinen ab dem 35. Lebensjahr größer. All diese Faktoren sorgen für eine insgesamt ruhige und stabile Schwangerschaft sowie eine entspannte Geburt.

Jüngere Mütter haben öfter Ängste, machen sich finanzielle Sorgen, fürchten einen Kontrollverlust oder fühlen sich schlicht und einfach hilflos. Ein solch negativer innerer Zustand kann den hormonellen Haushalt negativ beeinflussen und somit Komplikationen nach sich ziehen.

Spätere Schwangerschaften sind in den vergangenen Jahren zu einem Trend geworden. Frauen möchten erst einmal Karriere machen und das Leben genießen, bevor sie sich bereit fühlen, eine kleine Familie zu gründen.

Invasive Diagnostikmethoden

Bestehen bestimmte Risikofaktoren, zum Beispiel im Rahmen einer Risikoschwangerschaft, oder werden in den Ultraschalluntersuchungen gewisse Auffälligkeiten festgestellt, können Mediziner zu sogenannten „invasiven Diagnostikmethoden" raten.

Das Ziel dieser Untersuchungen liegt darin, schnellstmöglich zu erkennen, ob eine Fehlbildung oder eine seltenere Erkrankung vorliegen könnte. Viele Eltern entscheiden sich für die Durchführung dieser vorgeburtlichen Diagnostikverfahren, denn jede Frau und jeder Mann wünschen sich ein gesundes und glückliches Baby. Eltern hoffen auf positive Untersuchungsergebnisse. Dann können die meisten die Schwangerschaft viel ruhiger genießen.

Bevor Ihr Euch aber für eine solche Diagnostikmethode entscheidet, solltet Ihr jedoch wissen, dass ganze 95 % aller Erkrankungen oder Behinderungen vor der Geburt des Babys überhaupt nicht mit Sicherheit festgestellt werden können. Das bedeutet, dass auch unauffällige Untersuchungsergebnisse keine hundertprozentige Garantie für ein gesundes Kind sind. So kann es leider immer wieder dazu kommen, dass diese Untersuchungen mehr Ängste schüren, als Sicherheit zu vermitteln. Vor allem falsch-positive Ergebnisse verunsichern werdende Eltern stark. So durchleben viele von ihnen unnötige Ängste, während sie am Ende ein perfekt gesundes Baby in den Armen halten.

Sprecht ausführlich und offen miteinander und auch mit dem behandelnden Arzt oder der Frauenärztin. Lasst Euch beraten, welche Untersuchungen wirklich nötig sind und welche Ihr nicht braucht. Es ist wichtig, sich nicht unnötig zu ängstigen.

Neben den nicht-invasiven Diagnostikverfahren – die im Rahmen der Vorsorgeuntersuchungen als kostenpflichtige Zusatzleistungen angeboten werden – gibt es drei invasive Verfahren. Lasst Euch dazu vom Arzt sorgfältig beraten denn diese Untersuchungen sind mit einem erhöhten Risiko, beispielsweise einer Fehlgeburt verbunden.

Nicht-invasive Diagnostikverfahren im Überblick

- Nackentransparenz-Test
- Feindiagnostik (Hochauflösender Ultraschall)
- Blutuntersuchung im ersten sowie im zweiten Drittel der Schwangerschaft

- Genetischer Bluttest zur Feststellung von Chromosomenabweichungen wie zum Beispiel der Trisomie 21 („Down-Syndrom“)

Invasive Diagnostikverfahren im Überblick

- Plazenta-Punktion (Chorionzotten-Biopsie)
- Fruchtwasseruntersuchung (Amniozentese)
- Nabelschnurpunktion (Cordozentese)

SSW
9–12

MONAT 3:
HEY, DU KLEINER BAUCHBEWOHNER!

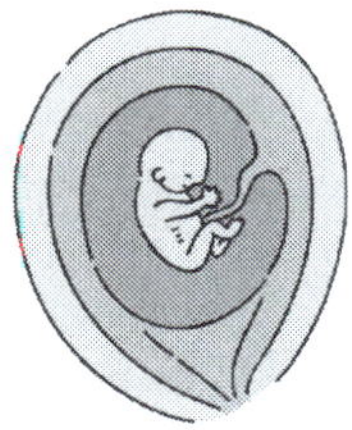

Im dritten Schwangerschaftsmonat beginnt sich das Baby nun langsam zu bewegen. Mit diesem Monat endet das sogenannte erste Schwangerschaftsdrittel – das erste Trimester. Auf Euch als werdende Eltern kommen nun auch weitere Untersuchungen zu, doch dazu gleich noch mehr.

Gegen Ende des dritten Schwangerschaftsmonats ist die Anlage der inneren Organe weitestgehend abgeschlossen.

- **Die Gefühle der Übelkeit verbessern sich bei Deiner Partnerin wieder.**

- **Die Schwangerschaft ist von außen noch nicht zu erkennen, doch im Bauch spielen sich einzigartige Veränderungen ab!**

- In diesem Monat fühlen viele Frauen die hormonellen Schwankungen ganz deutlich. Das kann sich in Stimmungsschwankungen zeigen, oder in Sorgen um die Zukunft ihren Ausdruck finden.

- Im Schnitt nehmen schwangere Frauen im ersten Schwangerschaftsdrittel zwischen 1 und 3 kg zu. Unpassende Bemerkungen solltest Du unbedingt vermeiden.

- Deine Partnerin muss genügend trinken, denn ihr Blutvolumen steigt deutlich. Ihr Herz muss jetzt noch mehr Blut durch den gesamten Körper pumpen, damit das Kind optimal versorgt werden kann. Der Kreislauf ist viel schneller.

- Das Risiko einer Fehlgeburt sinkt nun Ärzten zufolge auf unter 1 %. Das sorgt bei vielen werdenden Müttern für viel innere Ruhe und Entspannung. Sprecht jetzt miteinander, ob Ihr Freunden und Familie von den schönen Neuigkeiten berichten wollt.

WIE WOLLEN WIR DIE SCHWANGERSCHAFT EIGENTLICH VERKÜNDEN?

Ihr seid natürlich vollkommen aus dem Häuschen, weil Ihr schwanger seid! Doch wann ist der beste Zeitpunkt, um es „in die Welt hinauszuposaunen?"

Die meisten Frauen entscheiden sich nach dem Ende der 12. Schwangerschaftswoche die frohe Botschaft mit anderen zu teilen. Ganz am Anfang der Schwangerschaft ist das neue Leben im Bauch noch so zerbrechlich. In den ersten Wochen ist das Risiko für diverse Komplikationen oder gar für eine Fehlgeburt darüber hinaus noch recht hoch. Zu Beginn der 13. Schwangerschaftswoche gilt die Schwangerschaft als deutlich stabiler. Vermutlich habt ihr bereits das erste Ultraschallbild Eures Babys in den Händen und habt schon den Herzschlag hören können. Da ist es nur allzu nachvollziehbar, dass ihr diese enorme Freude mit Euren Lieben teilen möchtet!

Es gibt nicht „den einen idealen Zeitpunkt", um das süße kleine Geheimnis zu lüften. Es bleibt Dir und Deiner Partnerin überlassen, wann Ihr anderen davon erzählen wollt. Unter Umständen kann es sinnvoll sein, dem Chef oder der Chefin frühzeitig über die Schwangerschaft in Kenntnis zu setzen. Nur wenn die Vorgesetzten von der Schwangerschaft wissen, können sie gemäß dem Mutterschutz ihrer Fürsorge nachkommen.

Wie sage ich es denn nur? – Ideen & Tipps

Vor allem für Eltern und Schwiegereltern ist es eine enorm große Freude, wenn sie wissen, dass ein Enkelchen unterwegs ist. Viele wünschen sich schon recht lange Zeit, dass endlich Nachwuchs Haus und Familie wieder belebt.

- Ihr könnt zum Beispiel ein Buch kaufen, das einen eindeutigen Titel trägt: „Das Oma & Opa – Handbuch".

- Für künftige Großeltern gibt es noch eine weitere originelle Idee: Seid Ihr zum Beispiel kürzlich im Urlaub oder auf einem Event gewesen? Dann ladet die Eltern und Schwiegereltern doch ein, um gemeinsam die Fotos zu schauen. Unter die vielen Fotos wird dann einfach das Ultraschallbild gemogelt. Maximaler Überraschungseffekt garantiert!

- Ü-Post
  Das ist eine sehr gute Möglichkeit, die frohe Botschaft zu verkünden, wenn die Eltern etwas weiter entfernt wohnen und Ihr nicht bis zum nächsten Treffen warten wollt. Für diesen Zweck gibt es sogenannte „Scratch-Karten", also Rubbelkarten. Diese lassen sich wie ein Rubbellos aufkratzen. Als Gewinn gibt es die beste Nachricht überhaupt: „Ihr werdet Großeltern!" Kaufen kann man die Scratch-Karten in zahlreichen Onlineshops.

- Niemand ist besser als Babysitter geeignet als die eigenen Geschwister, die Großeltern oder die beste Freundin. Du kannst eine „Job-Ausschreibung" entwerfen, zum Beispiel auf einer tollen Karte", etwa so: „Babysitter gesucht..."

- Auch das Ultraschallbild lässt sich als Postkarte an Familie, Freunde und Verwandte verschicken.

- Auch mithilfe einer Tasse lassen sich diese großartigen Nachrichten verbreiten: Besorge einfach eine Tasse und lasse sie mit einem entsprechenden Schriftzug versehen, so zum Beispiel „Tante / Oma / Opa / Onkel".

- Ein Treffen mit den besten Freunden steht an und Ihr wollt die schöne Nachricht verkünden?

  Dann bietet sich eventuell ein lustiges T-Shirt an, zum Beispiel mit einer lustigen Bildgrafik: „Baby loading": Das ist eine Art Messskala – wie der Ladestand einer Batterie.

- Baby-News lassen sich Familie und Freunden mithilfe eines Bilds verkünden. Ein Foto sagt stets mehr als tausend Worte. Ihr könnt zum Beispiel Eure Schuhe fotografieren und ein Paar Babyschühchen daneben stellen.

Das Baby in Woche 9

- Der Rumpf des Babys wächst immer weiter und erreicht eine Länge vom Scheitel bis zum Steiß von ca. 16-24 mm.
- Der Nacken entsteht und das Baby wird immer mehr zu einem kleinen Menschen!
- Die Augenlider bedecken jetzt fast vollständig die Augen.
- Nun entsteht auch eine erste Nervenverbindung zwischen dem Gehirn und den Augen.
- Das Innenohr ist zu diesem Zeitpunkt komplett ausgebildet, sodass Euer kleines Baby schon erste Töne wahrnehmen kann.
- Die Zehen und Fingerchen lassen sich nun deutlich unterscheiden.
- Die Arme werden immer länger und winkeln sich nun an den Ellenbogen ab. Auch das Zwerchfell bildet sich aus.

Das Baby in Woche 10

- Jetzt ist das Baby ca. 2-3 cm groß und wiegt ungefähr 2,5 Gramm.
- Alle wichtigen Organe, Gliedmaßen, Nägel, Gefäße und Zähne sind jetzt angelegt. Nun muss das Baby nur noch wachsen.
- Die Organe des Babys werden in der kommenden Zeit weiter ausreifen, um noch perfekter zu funktionieren.

Das Baby in Woche 11

- Jetzt ist das Baby vom Scheitel bis zum Steiß ungefähr 4 cm groß. Es wiegt ungefähr 5 Gramm.
- Der Kopf macht noch immer die Hälfte der ganzen Babygröße aus.
- Auf der Zunge bilden sich die feinen Geschmacksknospen aus.
- Die noch recht durchsichtige Haut bildet weitere Hautschichten mit Talgdrüsen und Haarwurzeln aus.
- Die Knochenbildung geht ebenfalls weiter.
- Die Geschlechtshormone entwickeln sich.
- Das Herz des Kindes pumpt nun das Blut zu allen wichtigen Körperorganen, die schrittweise ihre Aufgaben übernehmen.

Das Baby in Woche 12

- Der Verdauungstrakt entwickelt sich weiter. Die Darmzotten wachsen und der Dünndarm bildet sich aus.
- Das Baby ist jetzt ungefähr 5 cm groß und ca. 10 Gramm schwer.
- Euer Baby kann nun schon an seinem Finger saugen, lächeln und die Stirn runzeln. Auch gähnen kann es nun.
- In dieser Woche der Schwangerschaft haben sich die Nervenzellen nun rasant vervielfältigt und im Hirn entstehen die ersten Synapsen.

- Die Knochen werden härter und das Haarwachstum beginnt.
- Die Zehen- und Fingernägelchen werden jetzt sichtbar.
- Das Baby bewegt sich ab jetzt rege im Fruchtwasser und lässt sich bei den Ultraschalluntersuchungen auch schon gerne dabei zusehen.
- Das kleine Herz schlägt zwischen 120- und 160-mal pro Minute, das ist doppelt so schnell wie bei einem erwachsenen Menschen.
- Die Leber stellt nun schon Gallenflüssigkeit her und die Nieren geben Urin in die Harnblase ab.

WEITERE KONTROLLUNTERSUCHUNGEN IN DER FRAUENARZTPRAXIS

Nach dem Ausbleiben der Monatsblutung – das ist meistens zwischen der 10. Und 12. Schwangerschaftswoche – findet die erste Vorsorgeuntersuchung statt.

Erste Vorsorgeuntersuchung: 9. – 12. Woche der Schwangerschaft

Die folgenden Maßnahmen sind Bestandteile der Vorsorgeuntersuchung:

- Familiengeschichte sowie Anamnese des aktuellen gesundheitlichen Zustand Deiner Partnerin

- Gynäkologische Untersuchung
- Ermittlung des aktuellen Körpergewichts
- Blutdruckmessung
- Untersuchung der Urinwerte (Eiweißgehalt, mögliche Bakterien, usw.)
- Bestimmung des Hämoglobingehalts im Blut
- Bestimmung der Blutgruppe sowie des Rhesusfaktors
- Antikörpersuchtest

Hier bekommt Ihr endlich das langersehnte erste Ultraschallbild von Eurem ungeborenen Baby.

Die Ärztin oder der Arzt überprüft, ob sich das Embryo tatsächlich in die Gebärmutter eingenistet hat. Aus der Embryogröße wird das Lebensalter des Babys ermittelt und ggf. der Geburtstermin korrigiert.

Im Rahmen dieser Untersuchung kannst Du höchstwahrscheinlich auch erfahren, ob Ihr unter Umständen mit Zwillingen oder Mehrlingen schwanger seid.

Die weiteren Untersuchungen

In den ersten acht Schwangerschaftsmonaten ist pro Monat je eine Untersuchung vorgesehen, anschließend zwei oder nach Bedarf auch mehrere. Nach der 32. Schwangerschaftswoche finden die Untersuchungen im zweiwöchigen Rhythmus statt.

Sollte es zu Problemen kommen, lassen sich diese rechtzeitig erkennen und dementsprechend adäquat und frühzeitig behandeln.

So werden bei jedem Termin Körpergewicht und Blutdruck der werdenden Mutter gemessen. Auch Blut- und Urinproben, die im Labor untersucht werden, gehören zum Standardrepertoire. Im Fokus stehen besonders die Herztöne Eures Babys und sein körperliches Wachstum.

Nehmt die Termine zuverlässig und regelmäßig wahr, denn nur so lassen sich mögliche Unregelmäßigkeiten frühzeitig erkennen und entsprechend behandeln.

Sprecht mit der Frauenärztin oder dem Frauenarzt gerne über eigene Zweifel, Ängste, Sorgen oder persönliche Fragen. Dafür sind sie da.

Tipp:
Schreibt Euch Fragen vor dem Termin auf, denn in der Aufregung vergisst man im Wartezimmer oft die Hälfte der Fragen, die einem unter den Nägeln brannten.

Vergesst auch nicht, wichtige Dokumente sowie den Mutterpass in die Frauenarztpraxis mitzubringen!

SSW
13–16

MONAT 4:
NUN WIRD DAS BÄUCHLEIN SICHTBAR

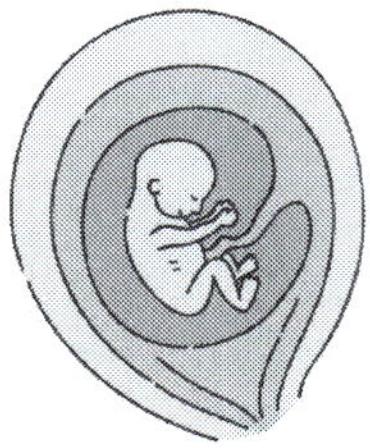

Nun beginnt eine etwas entspanntere und ruhigere Phase der Schwangerschaft. Die meisten Frauen fühlen sich nun rundum wohl und erleben diese Zeit als eine der schönsten des Lebens. Mit dem vierten Monat beginnt das zweite Schwangerschaftsdrittel (Trimester). Langsam zeigt sich bei den meisten Frauen ein kleines Bäuchlein.

- Die Müdigkeit klingt zunehmend ab und die meisten werdenden Mamas sind voller Energie und Elan.
- Jetzt ist es besonders wichtig, sich etwas Gutes zu gönnen: Gesunde Ernährung, ein moderates Bewegungsprogramm, eine gute Zahnpflege und eine ausreichende Flüssigkeitszufuhr – das tut Mama und Baby richtig gut

- Im zweiten Schwangerschaftsdrittel fühlen sich die meisten Frauen richtig wohl: Sie freuen sich über ein frisches und gesundes Aussehen sowie kräftige Haare. Das sind also die schönen Auswirkungen der hormonellen Veränderungen im Körper. Genießt gemeinsam diese schöne Zeit der Vorbereitung und freut Euch auf das Kind.

Das Baby in Woche 13

- Die Größe des Babys ist in Woche 13 ungefähr bei 7-7,5 cm. Das Kind wiegt ca. 30 Gramm.
- Die Proportionen zwischen Rumpf und Köpfchen gleichen sich immer mehr an.
- Auf den Fingerspitzen befinden sich bereits Papillarmuster, der einzigartige „Fingerabdruck" entsteht, der das Baby später von allen anderen Menschen dieser Welt unterscheiden wird.
- Die Hirnanhangsdrüse ist final entwickelt und auch die Bauchspeicheldrüse beginnt mit der Insulinbildung.
- Auch die Schilddrüse produziert nun die ersten Hormone.
- Beim Baby wechseln sich nun kurze Ruhe- und Aktivitätsphasen ab. Es gähnt, hat Schluckauf und strampelt nun schon rege mit den Beinchen. Es spielt bereits mit der Nabelschnur und entwickelt so seinen Greifreflex.

Das Baby in Woche 14

- In dieser Woche ist das Kind ca. 8,5 cm lang und ungefähr 50 g schwer.
- Bekommen wir ein Mädchen oder einen Jungen? Diese Frage lässt sich ganz bald klären, denn die äußeren Geschlechtsorgane sind immer besser voneinander zu unterscheiden.
- Im Köpfchen des Babys formen sich nun noch die knorpeligen Schädelknochen – das Stirnbein, das Scheitelbein und das Keilbein – aus. Sie bilden im Oberkiefer die zwei Nasennebenhöhlen.
- Der kleine Körper ist komplett mit dem weichen und hellen Haarflaum bedeckt, das sogenannte Lanugo-Haar. Dieses Flaumhaar verschwindet bis zur Geburt vollständig.
- Auch auf dem Kopf wachsen winzig kleine Haare und die Augenbrauen entstehen. Die Haarfarbe des Kindes entwickelt sich im Übrigen erst nach der Geburt.

Das Baby in Woche 15

- Das Baby erreicht jetzt eine Größe von knapp 10 cm und ein Gewicht von ca. 90 Gramm.
- Es atmet nun kleine Fruchtwassermengen ein und aus, denn das kräftigt die Lungenfunktion Eures Babys!
- Die Milz übernimmt ihre Aufgaben und entlastet von

nun an die Leber bei der Blutbildung. Sie baut rote Blutkörperchen ab, filtert das Blut und stellt sogar erste eigene Antikörper her.

- Das kleine Herz des Kindes hat schon in der 15. Schwangerschaftswoche eine Leistung von etwa 100 l pro Tag. Der Herzschlag kann ab jetzt von außen gut abgehört werden.
- Jetzt kommt das Outing!
- Jetzt sind die Geschlechtsorgane gut voneinander abgrenzbar und die Frauenärztin oder der Frauenarzt kann Euch sagen, ob Ihr ein Mädchen oder einen Jungen bekommt.
- Die kleinen Innenohrknochen sind komplett ausgebildet, daher kann das Kind kleine Schwingungen von außen wahrnehmen: Es fühlt also, wenn Du mit ihm sprichst!

Das Baby in Woche 16

- Gewichts- und Größenupdate: 12 cm groß und 110 g schwer!
- Die kleinen Schlucke Fruchtwasser, die das Baby immer wieder aufnimmt, führen dazu, dass sich ein wenig Stuhl im kleinen Darm bildet. Dieser erste Darminhalt wird Kindspech (Mekonium) genannt und nimmt jetzt seine typische dunkelgrüne Farbe an. Diese Farbe entsteht durch Gallenfarbstoffe.

- Das Baby macht kräftig Purzelbäume und spielt mit der Nabelschnur.
- Noch immer hat die Haut kein Unterfettgewebe und erscheint weiterhin fast transparent. Das Unterhautfettgewebe braucht das Baby erst nach der Geburt, um die Körpertemperatur auf einem konstanten Level halten zu können.

In den nächsten drei Wochen wird ein ordentlicher Wachstumsschub folgen!

Zweite Vorsorgeuntersuchung: 13. – 16. Woche der Schwangerschaft

In diesem Zeitraum kannst Du bereits die ersten Herztöne des Babys hören. Die Anzahl der Herzschläge sowie der Rhythmus geben konkrete Hinweise darauf, ob mit dem Ungeborenen alles in Ordnung ist. Für werdende Eltern ist es ein einzigartiges Erlebnis, zum allerersten Mal das Herz ihres Kindes schlagen zu hören.

Kostenpflichtige Zusatzleistungen

- Ersttrimester-Screening / Nackentransparenz-Messung (NT-Screening)

Im Rahmen dieser Untersuchung wird geprüft, ob im Nackenbereich des ungeborenen Babys eine Flüssigkeitsansammlung vorliegt. Diese Untersuchung liefert Euch als werdenden Eltern und dem Arzt einen ersten Hinweis darauf, ob möglicherweise eine Chromosomenabweichung vorliegt.

Das NT-Screening ist eine ganz normale Ultraschalluntersuchung, die für Deine Partnerin und das ungeborene Baby keine Risiken birgt.

Ab einem gewissen Lebensalter der werdenden Mutter wird diese Untersuchung empfohlen. Im Allgemeinen müssen die werdenden Eltern die Kosten dafür tragen, doch es gibt viele Krankenversicherer, die bereit sind, die Kosten zu übernehmen. Fragt im Vorfeld also bei Eurer Krankenkasse nach, wenn Ihr Interesse an dieser Untersuchung habt.

In diesem Zusammenhang solltet Ihr jedoch wissen, dass die Untersuchung nur einen etwa 30%-igen Hinweis auf eine mögliche Chromosomenabweichung liefert. Dennoch gehört das NT-Screening zu den verlässlichsten und gleichzeitig nicht-invasiven (risikolosen) Diagnostikverfahren der Pränatal-Medizin.

„WELL FOOD" IN DER SCHWANGERSCHAFT

In der Schwangerschaft muss auch in puncto Ernährung einiges beachtet werden.

Die Aussage, dass schwangere Frauen für zwei essen müssen, ist ein absoluter Mythos. Es kommt nicht auf die Quantität an, sondern vielmehr auf die Art und die Qualität der Lebensmittel. In diesem Zusammenhang ist die Nährstoffdichte entscheidend.

Gesund zu essen ist im Grunde bereits vor der Schwangerschaft extrem wichtig, denn wenn sich die Mutter gesund ernährt, kann sich das heranwachsende Kind optimal und gesund entwickeln. Durch das richtige Essverhalten kann darüber hinaus einigen Geburtsfehlern vorgebeugt werden.

Das sollte regelmäßig auf dem Tisch landen

- **Buntes Gemüse und Früchte**
  Mindestens fünf Portionen sollten es pro Tag sein: 3 Portionen Gemüse und zwei Portionen Obst.

- **Komplexe Kohlenhydrate** in Form von Vollkornbrot, Vollkornnudeln, Kartoffeln und Naturreis. Vollkornprodukte sollten Weißmehlprodukten stets vorgezogen werden, denn sie enthalten mehr wichtige Ballaststoffe und gesunde Nährstoffe.

- **Gesundes Eiweiß**
  Wertvolle pflanzliche Eiweißquellen sind zum Beispiel Hülsenfrüchte wie Bohnen, Kichererbsen, Linsen & Co. Fisch wie Seelachs, Forelle oder Garnelen sollten im Idealfall zwei Mal wöchentlich gegessen werden. Auch mageres Fleisch wie zum Beispiel Hähnchen oder Pute ist bis zu einer Menge von ca. 300 Gramm pro Woche in Ordnung.

- **Milchprodukte** sollten rund ein Drittel der täglichen Ernährung ausmachen: Hierzu gehören unter anderem Käse, Quark, Kefir und Naturjoghurt.

- Eine ausreichende **Flüssigkeitszufuhr** ist in der Schwangerschaft ebenfalls sehr wichtig. Rund, drei Liter pro Tag gelten als Maßstab. Am besten sollte zu Wasser, Kräutertees oder stark verdünnten Fruchtsäften gegriffen werden.

Das ist in der Schwangerschaft komplett tabu

- **Rohe Eier** und **sehr weich gekochte Eier**
  Hier besteht Salmonellengefahr und Frauen sind gerade während der Schwangerschaft sehr anfällig dafür,

sich mit diesen Erregern anzustecken. Während der neun Schwangerschaftsmonate sollte allgemein auf alle Speisen verzichtet werden, die rohe Eier beinhalten. Dazu gehören zum Beispiel hausgemachte Mayonnaise, Mousse au Chocolat, Sauce Hollandaise oder Tiramisu.

ⓧ **Tiefseefische**

Barsch, Thunfisch, Heilbutt, Aal, Makrele oder Schwertfisch können manchmal mit Quecksilber belastet sein. Um eine zu geringe Gewichtszunahme des Babys oder eine Beeinträchtigung der Nervensystementwicklung zu verhindern, sollten diese Fischsorten nicht auf dem Speiseplan stehen.

ⓧ **Rohmilchprodukte, roher Fisch und rohes Fleisch**

Ähnlich wie in rohen Eiern können sich auch hier Bakterien einnisten und eine Lebensmittelvergiftung hervorrufen.

Esst Ihr beide sehr gerne Sushi? Während der Schwangerschaft sollte Deine Partnerin auf jeden Fall darauf verzichten. Du kannst vielleicht probieren, Sushi nicht in Gegenwart Deiner Partnerin, sondern in der Mittagspause oder abends mit Freunden zu essen. Damit kannst Du Rücksicht auf sie nehmen und musst trotzdem nicht ganz darauf verzichten.

ⓧ **Koffein** ist während der Schwangerschaft im Allgemeinen nicht komplett verboten, dennoch sollten laut Gesundheitsexperten und Mediziner nicht mehr als zwei Tassen pro Tag konsumiert werden. Koffein steckt übrigens nicht nur in Kaffee, sondern auch in Schwarztee oder dunkler Schokolade.

ⓧ **Alkohol** ist natürlich ein Tabu und sollte während der Schwangerschaft komplett gemieden werden. Ansonsten kann es zu Schädigungen des ungeborenen Babys führen.

ⓧ **Nikotin** ist ebenfalls gesundheitsschädlich. Das gilt für jede Lebensphase, speziell jedoch während der Schwangerschaft. Die Giftstoffe schaden nicht nur Deiner Partnerin, sondern auch dem ungeborenen Baby. Das betrifft übrigens auch das Passivrauchen. Im schlimmsten Fall kann es zu Frühgeburten, Fehl- oder gar Totgeburten kommen. Auch ein vorzeitiges Ablösen der Plazenta oder ein zu früher Fruchtblasensprung können die Folge des Rauchens sein.

Tipp:
Anstatt drei Hauptmahlzeiten sollten lieber fünf bis sechs kleinere Portionen über den gesamten Tag verteilt gegessen werden!
Das bringt vier wichtige Vorteile mit sich:

1. Mehrere kleinere Gerichte helfen vor allem im ersten Schwangerschaftsdrittel gegen Gefühle der Übelkeit.
2. Der Blutzuckerwert fällt nicht so rasant ab.
3. Mehrere kleine Portionen haben einen positiven Effekt auf nerviges Sodbrennen.
4. Kleinere Mahlzeiten sind besser bekömmlich und leichter zu verdauen. Das ist vor allem dann sehr wohltuend, wenn das Baby immer größer wird und zunehmend Platz im Bauch braucht.

Die wichtigsten Nährstoffe in der Schwangerschaft – bestens versorgt durch die gesamten neun Monate!

Im Allgemeinen werden alle wichtigen Nährstoffe über die tägliche Nahrung aufgenommen. Manchmal kann aber auch ein ergänzendes Multivitamin-Nahrungsergänzungsmittel sehr sinnvoll sein. Sprecht hierüber gerne bei den Vorsorgeuntersuchungen mit der behandelnden Frauenärztin oder dem Frauenarzt.

Die wichtigsten Nährstoffe & Nährstoffquellen im Überblick:

Folsäure

Folsäure ist von besonderer Bedeutung für eine gesunde Zellteilung sowie für das Wachstum des Babys. Wenn dieser Nährstoff fehlt, dann hat das Baby ein erhöhtes Risiko für sogenannte Neuralrohrdefekte; also für Fehlbildungen im Nervensystem.

Folsäure steckt vor allem in:

- Hülsenfrüchten wie Kichererbsen, Bohnen oder Linsen
- Roter Beete
- Samen, Kernen, Nüssen
- Sprossen
- Dunkelgrünem Blattgemüse wie zum Beispiel Grünkohl, Brokkoli oder Spinat

Eisen & Vitamin B12

Diese Nährstoffe sind für eine gesunde Blutbildung sehr wichtig, aber genauso für den Nerven- und Eiweißstoffwechsel.

Diese Nährstoffe finden sich vor allem in:

- Lamm- und Rindfleisch
- Seefischen wie Sardinen, Forelle oder Lachs
- Milchprodukten
- Eiern (bitte nicht in roher, unverarbeiteter Form)

Kalzium

Dieser Nährstoff ist vor allem für die Knochenstruktur und das Skelett des Babys sehr wichtig. Vor allem im letzten Schwangerschaftsdrittel ist Kalzium sehr wichtig!

Dieser Nährstoff steckt vor allem in:

- Käse und Milchprodukten
- Hülsenfrüchten
- Chiasamen
- Mandeln
- Tofu
- Rhabarber
- Spinat

Zink

Zink ist besonders für den Stoffwechsel und die Immunabwehr wesentlich. In den Schwangerschaftsmonaten ist der Zinkbedarf noch höher als sonst.

Zink steckt vor allem in:

- Milch und Milchprodukten
- Fleisch
- Eiern
- Sonnenblumenkernen
- Nüssen und Samen
- Grüne Erbsen
- Linsen

Vitamin B6

Dieses Vitamin ist besonders für die Abwehrkräfte und für die Nerven von sehr großer Bedeutung.

Vitamin B6 steckt vor allem in:

- Fisch
- Fleisch
- Avocados
- Kartoffeln

Jod

Jod ist von sehr großer Wichtigkeit für die Schilddrüse. Das gilt für Mutter und Kind. Die Schilddrüse braucht Jod, um wichtige Hormone herzustellen, die im Körper zentrale Stoffwechselvorgänge steuern.

Jod steckt vor allem in:

- Jodiertem Salz
- Milch & Milchprodukten
- Seefischen

Vitamin D

Dieses Vitamin ist besonders für den Stoffwechsel sowie für die Knochenbildung notwendig.

Vitamin D findet sich in:

- Fettreichen Fischen
- Pilzen

- Eigelb

Omega-3-Fette
Diese Fettsäuren sind vor allem für die Gehirnentwicklung und für die Sehkraft Eures Babys sehr wichtig.

Omega-3-Fette stecken in:
- Fettreichen Seefischen
- Leinöl
- Olivenöl
- Walnussöl
- Rapsöl
- Algen

Vitamin A
Dieses Vitamin wird für eine gesunde Lungenentwicklung beim Baby benötigt. Doch aufgepasst: Zu hohe Dosierungen von Nahrungsergänzungsmitteln bergen das Risiko für Fehlbildungen. Daher gilt: Immer im Vorfeld die Ärztin oder den Arzt fragen!

Vitamin A findet sich in:
- Möhren
- Aprikosen
- Kürbis
- Spinat

Vitamin C

Dieses Vitamin ist für den Aufbau des Bindegewebes sowie die Immunabwehr von Bedeutung.

Es steckt in:

- Brokkoli
- Zitrusfrüchten
- Beeren
- Paprikaschoten

Magnesium

Dieser Mineralstoff ist für den Knochenaufbau sowie für ein gesundes Wachstum Eures Babys erforderlich.

Magnesium findet sich in:

- Weizenkleie
- Vollkornprodukten
- Sonnenblumenkernen
- Nüssen

Besonders wichtig sind in der Schwangerschaft Folsäure, Vitamin B12, Eisen und Kalzium: Der Bedarf ist in der Schwangerschaft erhöht.

Du siehst, dass es auch für Dich unerlässlich ist, dass Du weißt, auf welche Produkte Deine Partnerin während der Schwangerschaft verzichten sollte.

Durch eine richtige Ernährungsweise ist das Baby nämlich mit allen Nährstoffen bestens versorgt und keinem Schaden ausgesetzt.

VERREISEN IN DER SCHWANGERSCHAFT – DÜRFEN WIR IN URLAUB?

Eine wichtige Frage, die sich werdende Eltern oft stellen ist, ob sie jetzt noch in den Urlaub fahren dürfen. Oft sind Reisen bereits gebucht, bevor man überhaupt von einer Schwangerschaft wusste. Viele Paare wünschen sich vor der Geburt noch mal eine kleine Auszeit und möchten ein wenig die Seele baumeln lassen.

Du findest nachfolgend die wichtigsten Informationen zum Thema Reisen während der Schwangerschaft, die für Dich als werdender Papa interessant und wichtig sein können.

Ab in den Urlaub! – Ist das trotz Schwangerschaft ok?

Die erste wichtige Nachricht lautet hier „JA“. Grundsätzlich spricht nichts dagegen, dass Ihr während der Schwangerschaft verreist und Euch eine kleine Auszeit gönnt. Wichtig ist nur, dass die Schwangerschaft komplikationsfrei verläuft. Fragt vor der Reise in jedem Fall immer den behandelnden Arzt.

Eine kleine Auszeit wird Euch mit Sicherheit sehr guttun. Gerade für Euch als Paar ist diese Zeit der Zweisamkeit nochmals sehr wichtig, bevor die Geburt ansteht.

Ihr könnt ausspannen, Sightseeing genießen und ganz viel Kraft und neue Energie tanken!

Reisen mit dem Flugzeug und lange Autofahrten? – Die wichtigsten Facts!

Bevor Ihr jetzt eine Flugreise plant, solltet Ihr Euch darüber bewusst sein, in welchem Schwangerschaftsmonat sich Deine Partnerin befindet.

Frauen empfinden es in den meisten Fällen am angenehmsten zwischen dem 4. und 7. Monat zu verreisen. Natürlich kann dieses Empfinden bei Deiner Partnerin anders ausfallen. Wichtig ist aber, dass Ihr Euch vorab darüber informiert, bis zu welchen Monat die Fluggesellschaften Schwangere mitfliegen lassen.

Hierzu gibt es nämlich unterschiedliche Richtlinien. Während einige Fluggesellschaften Schwangere nur bis zur 28. Schwangerschaftswoche mitfliegen lassen, gibt es viele andere Airlines, bei denen schwangere Frauen bis zur 36. Schwangerschaftswoche mitfliegen dürfen.

Bevor Ihr einen Urlaub bucht, solltet Ihr Euch vorab bei der Fluggesellschaft erkundigen, damit Ihr keine bösen Überraschungen erlebt.

Wichtig für Dich als werdender Papa ist es zu wissen, dass Dein Baby während Flugreisen oder Autofahrten im Bauch der Mama geschützt ist. Selbst Druckänderungen beim Fliegen oder holprige Straßenverhältnisse machen Deinem Baby nichts aus.

Während all dieser Fahrten oder Flugreisen gilt es jedoch zu beachten, dass der Sicherheitsgurt richtig angelegt wird. Dieser darf nicht wie sonst quer über dem Bauch sitzen, sondern muss jetzt auf dem Becken Deiner Partnerin angebracht werden.

Reisebeschwerden?

Während den Monaten der Schwangerschaft verändert sich nicht nur der Körper Deiner Partnerin. Auch Reisebeschwerden können sich verstärken.

Verstärkte Schwellungen:
Gerade langes Sitzen kann dazu führen, dass bei Deiner Partnerin die Beine und Gelenke anschwellen. Falls Ihr also mit dem Auto unterwegs seid, versucht immer wieder kleine Pausen einzulegen, in denen sich die werdende Mama

ein bisschen bewegen kann. Ein wenig umherlaufen kann schon wahre Wunder wirken. Falls Deine Partnerin sich als Beifahrerin etwas Gutes tun möchte, kann sie mit ihren Zehen kreisen oder den Fuß sanft abrollen.

Bei Flugreisen sollte Deine Partnerin immer wieder aufstehen und kurz umhergehen.

Häufigere Toilettengänge durch vermehrten Harndrang:
Ein wohl sehr unangenehmes Begleitproblem der Schwangerschaft ist der häufige Harndrang. Man muss sich nur einmal vorstellen, dass das ganze Gewicht des Babys nach unten zu den unteren Organen drückt. Kontraproduktiv wäre es allerdings, wenn Deine Partnerin auf das Trinken verzichtet. Für Mama und Baby ist eine ausreichende Flüssigkeitszufuhr sehr wichtig. Achtet also immer darauf, dass genügend getrunken wird. Jedoch haben die häufigeren Toilettengänge einen kleinen Vorteil. Während dieser Zeit ist Deine Partnerin in Bewegung und tut dadurch gleich den Gelenken etwas Gutes.

Probleme mit dem Magen- und Darmtrakt:
Innerhalb der ersten Monate leiden viele Frauen unter vermehrter Morgenübelkeit. Gerade dann, wenn Ihr während des ersten Trimesters verreisen möchtet, solltet Ihr das einplanen. Ingwer oder Zitrone können unterwegs gut gegen Übelkeit helfen.

SSW
17–20

MONAT 5: TALK TO ME! SPRECHEN MIT DEM KLEINEN BAUCHBEWOHNER!

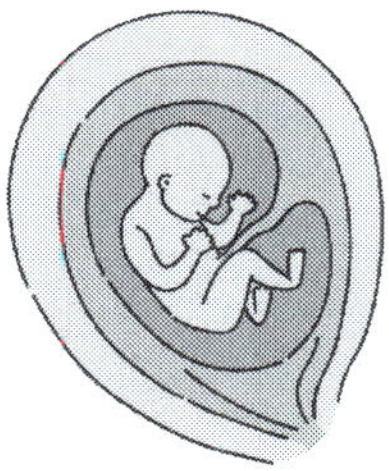

Ab diesem Schwangerschaftsmonat kann das ungeborene Baby endlich hören. Also los geht's! Redet mit dem Baby, denn so wird es mit Euren Stimmen vertraut!

Auch die ersten Babybewegungen lassen sich im fünften Schwangerschaftswoche erspüren.

- Die Gebärmutter wird nun ungefähr so groß wie eine Zuckermelone und wächst auch immer weiter in Richtung Bauchnabel.
- In dieser Zeit können langsam die ersten Rückenschmerzen auftreten: Tu Deiner Partnerin etwas Gutes und gönne ihr hin und wieder eine wohltuende Rückenmassage, zum Beispiel mit einem hautpflegenden Mandelöl.

- Auch der Beckenboden wird im fünften Schwangerschaftsmonat stärker durchblutet. Dadurch steigt bei vielen Frauen die Lust auf Sex. Auf dieses Thema kommen wir später gesondert zu sprechen.
- In der 20. SSW ist dann die Halbzeit der Schwangerschaft erreicht! Die Gebärmutter ist dann auf Bauchnabelhöhe angekommen und vor allem aus der Seitenansicht sehr gut sichtbar. Auch die Bewegungen des kleinen Bauchbewohners sind immer deutlicher spürbar: Treten, bewegen, wenden und Purzelbaum schlagen!

Das Baby in Woche 17

- 13 cm groß und ca. 150 g schwer – es geht in großen Schritten vorwärts!
- Die Nabelschnur wächst und die Plazenta (Mutterkuchen) ist nun genauso groß wie das Kind selbst.
- Auch die Knochenbildung im Rücken geht voran.
- Das Fettgewebe bildet sich aus.
- Die Muskeln gewinnen immer mehr an Volumen und Länge: Das gibt dem Baby später Kraft, das Köpfchen aufzurichten.
- Das Skelett des Babys besteht noch zum überwiegenden Teil aus gummiartigen Knorpeln, die sich in den kommenden Schwangerschaftswochen immer mehr verhärten.

- Um das Rückenmark legt sich eine Schutzsubstanz, das sog. Myelin.
- Die Reflexe reifen weiter aus und im Hirn entstehen immer mehr Synapsen.
- Euer Baby hat nun einen eigenen Kreislauf, der komplett funktionsfähig ist.

Das Baby in Woche 18

- 14 cm Länge und ca. 180 g schwer – das ist der aktuelle Stand in SSW 18.
- Die wichtigsten Lungenfunktionen des Babys sind nun vollständig entwickelt, bis auf die Lungenbläschen, die für die spätere Sauerstoffversorgung wichtig sind. Nun beginnen sich die Bronchien zu erweitern.
- Bei einem Mädchen bilden sich die Eierstöcke aus.

Das Baby in Woche 19

- Babyupdate: 15 cm groß und ca. 220 g schwer. Das ungeborene Kind ist nun ungefähr so groß wie eine Postkarte.
- Für Dein Baby wäre am liebsten rund um die Uhr Turnstunde!
- Die eigenen Fettreserven werden immer weiter ausgebaut und das Gewicht klettert immer mehr nach oben.

- Die Hautdrüsen beginnen mit der Produktion der „Käseschmiere“, sogenannte Vernix: Das ist eine wasserabweisende, weißliche Fettschicht, die die zarte Baby-Haut schützt.
- Im kleinen Herz bilden sich die Segelklappen der Vorhofkammern. Der sogenannte Sinusknoten – der kleine Herzbereich, in dem der Puls entsteht – übernimmt nun den Takt des Herzschlags.

Dritte Vorsorgeuntersuchung: 17. – 19. Woche der Schwangerschaft

Hier steht eine weitere kostenpflichtige Zusatzleistung zur Verfügung:

- Bestimmung des Alpha-Fetoproteins (AFP)

Dieses Protein wird im Schwangerschaftsverlauf gebildet. An der Höhe des ermittelten Wertes lässt sich festmachen, ob ein niedriges oder ein erhöhtes Trisomie-21-Risiko für das Kind vorliegt.

Das Baby in Woche 20

- 16 cm lang – das entspricht in etwa der Größe Deiner Hand – und rund 300 Gramm schwer.
- Die Hautfunktionen Deines Kindes reifen von Tag zu

Tag. Auch Haarwurzeln und kleine Talgdrüsen entstehen. Auf dem kleinen Köpfchen ersetzen nun „echte" Haare die Lanugo-Flaumbehaarung.

- Es lösen sich einige Haar- und Hautzellen wieder ab, die ins Fruchtwasser gelangen und schließlich über die Fruchtwasser-Schlückchen vom Baby getrunken werden. Sie gelangen in die Verdauungsorgane und regen dort die ersten Darmaktivitäten an.
- Auch die Geschmacksknospen sind nun schon gut entwickelt und das Kind kann den Fruchtwassergeschmack schon wahrnehmen: Dieser verändert sich übrigens täglich, je nachdem, was die Mama isst.

SEX IN DER SCHWANGERSCHAFT – IST DAS EIGENTLICH ERLAUBT?

Für viele Paare stellt sich während der Schwangerschaft die Frage, ob sie noch miteinander schlafen dürfen.

Sobald die Schwangerschaft Deiner Partnerin reibungslos und ohne Komplikationen verläuft, gibt es keinerlei Gründe, die gegen den Geschlechtsverkehr sprechen. Viele Frauen empfinden während dieser besonderen Zeit sogar ein gesteigertes Lustempfinden. Je weiter die Schwangerschaft fortschreitet, desto schwieriger kann es allerdings werden. Der Schwangerschaftsbauch wird immer größer und Deine Partnerin dadurch in ihrer Bewegungsfreiheit etwas eingeschränkter.

Sex während der neun Monate ist aber auch mit einem wachsenden Babybauch noch möglich. Hier ist ein wenig Erfindungsgeist gefragt. Probiert einfach einen Stellungswechsel aus und testet, was Euch guttut.

Falls bei Deiner Partnerin allerdings medizinische Einwände gegen den Geschlechtsverkehr während dieser Zeit sprechen, könnt Ihr als Paar versuchen, Alternativen zu finden. Nur weil Ihr ein Baby bekommt, heißt das natürlich nicht, dass Ihr auf Euch verzichten müsst.

Achtet immer darauf, dass Ihr Euch austauscht, damit Du weißt, welche Wünsche und Bedürfnisse Deine Partnerin hat. Sprecht über Sorgen, Ängste oder auch Freude. Das hilft Euch weiterhin dabei, ein starkes Team zu bilden und den zukünftigen Weg gemeinsam zu gehen.

Für die Frau ist die Zeit der Schwangerschaft nicht nur durch die sichtbare körperliche Veränderung geprägt, sondern auch durch ein verändertes Körpergefühl. Während dieser Zeit nimmt sich Deine Partnerin ganz anders wahr, ihren Körper, ihre Bedürfnisse und ihre Wünsche. Das hat natürlich zwangsläufig Auswirkungen auf das Sexualleben.

Viele Frauen und auch Paare machen sich viele Gedanken, zum Beispiel:

- Kann der Geschlechtsverkehr dem Baby schaden?
- Besteht ein erhöhtes Infektionsrisiko beim Sex?
- Welche Stellungen sind besonders gut geeignet?
- Besteht die Gefahr einer Frühgeburt durch Geschlechtsverkehr?

Viele Paare neigen oft dazu, sich zu viele Gedanken darüber zu machen und verzichten am Ende komplett auf den Sex. Solange wie gesagt medizinisch nichts dagegenspricht, ist es absolut kein Problem, dass Ihr miteinander schlaft. Dem Kind kann durch den Geschlechtsverkehr nichts passieren, in seiner Fruchtblase ist es gut geschützt. Es kann manchmal passieren, dass Deine Partnerin nach dem Geschlechtsverkehr leichte Kontraktionen spürt. Diese sollten aber in der Regel schnell wieder verschwinden.

Durch die Schwangerschaft den Geschlechtsverkehr neu erleben

Für viele Paare ist der Geschlechtsverkehr während der Zeit der Schwangerschaft eine ganz neue Erfahrung. Verhütung oder der bisherige Druck, schwanger werden zu wollen, fallen weg und die Paare können sich nur auf sich konzentrieren. Während der Schwangerschaft empfinden viele

Frauen den Sex sogar viel intensiver. Das kann daran liegen, dass der Scham- und Beckenbereich Deiner Partnerin besser durchblutet wird. Vielleicht findest Du die Rundungen Deiner Partnerin während der Schwangerschaft darüber hinaus als sehr anziehend und erotisch und Ihr erlebt zusammen ein ganz neues Lustempfinden. Achtet immer darauf, was Euch beiden guttut, denn das ist das Wichtigste.

Falls bei Deiner Partnerin vorzeitige Wehen, Blutungen oder andere Risikofaktoren auftreten, solltet Ihr unbedingt mit dem zuständigen Facharzt Rücksprache halten. Dieser kann Euch sagen, ob der Geschlechtsverkehr noch unbedenklich ist.

Gefühlsschwankungen und fehlende Lust

Die Gesundheit und das Wohlbefinden Deiner Partnerin steht während dieser Zeit an erster Stelle. Es kann sein, dass die Frau während der Schwangerschaft keine Lust auf Geschlechtsverkehr hat. Versuche sie hierbei zu unterstützen und setzt Euch nicht unter Druck. Es ist besonders wichtig, dass Ihr Euch ausreichend Zeit nehmt und auf das achtet, was Eure Bedürfnisse sind.

Es kann während der neun Monate also durchaus einmal passieren, dass die Lust und Stimmungen schwanken. In dieser Zeit ist es wichtig, dass Ihr immer wieder miteinander redet, um so die gegenseitigen Bedürfnisse zu erkennen und sich über die Wünsche auszutauschen. Je weniger Druck Ihr in diese Situation legt, umso einfacher wird es für Euch werden. Sprecht miteinander. Das hilft Eurer Beziehung und Ihr könnt gemeinsam einen guten Weg finden. Nehmt dabei Eure Wünsche gegenseitig wahr und sprecht über Ängste. Tut das, was sich für Euch gut anfühlt.

Wachsender Schwangerschaftsbauch

Das erste Trimester der Schwangerschaft sorgt in der Regel für keine Probleme während des Geschlechtsverkehrs. Während dieser Zeit ist der Bauch noch nicht sichtbar und Ihr könnt wie gewohnt miteinander schlafen.

Sobald der Bauch jedoch wächst, können andere oder neue Stellungen gefragt sein. Es kann angenehm sein, Positionen wie Seiten- oder Knie-Ellenbogenlage auszuprobieren.

SSW
21–24

MONAT 6:
DAS TURNEN BEGINNT!

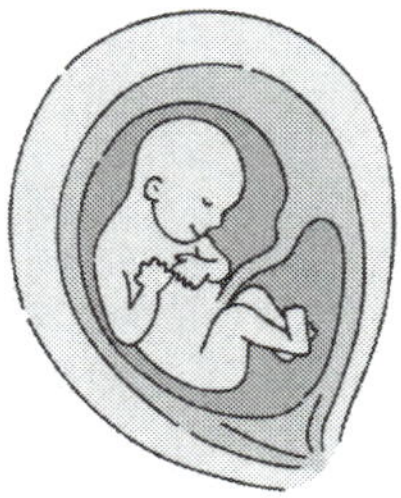

Das Baby wird immer aktiver! Es legt weiterhin stark an Gewicht zu und kann sogar auf die ersten Lichtimpulse und Geräusche reagieren.

Übrigens:
Es geht mit großen Schritten auf das Ende des zweiten Schwangerschaftsdrittels zu. Am Ende des sechsten Monats wird das Baby so weit fortentwickelt sein – dass es im Fall einer Frühgeburt – mit entsprechender medizinischer Unterstützung gute Überlebenschancen hat.

- Die Bewegungen lassen sich immer besser erspüren.
- Kräftigende Gymnastikübungen sind in diesem Stadium

sehr wohltuend gegen Rückenschmerzen.

- Entspannungsübungen tun Deiner Partnerin gerade richtig gut. Überrasche Sie gerne mit einem gemütlichen gemeinsamen Abendessen.
- Der Körper Deiner Partnerin verändert sich immer weiter: In diesem Stadium der Schwangerschaft könnte sie zwischen 5 und 7 Kilogramm zugenommen haben.
- Sprecht gemeinsam weiterhin mit Eurem Baby! So wird der Klang Eurer Stimmen zunehmend vertrauter und Ihr könnt es nach der Geburt leichter beruhigen.
- Um die 23. Schwangerschaftswoche herum werden viele werdende Mütter lichtempfindlicher. Wenn Ihr beide also verreisen wollt, solltet Ihr unbedingt auf einen guten Sonnenschutz mit einem sehr hohen Lichtschutzfaktor achten! Sonnenbrille nicht vergessen!
- In dieser Schwangerschaftsperiode kann es zu Wassereinlagerungen und Sodbrennen kommen. Schau achtsam auf Deine Partnerin und hilf ihr, wo Du kannst. Du bist die beste Unterstützung Deiner Frau und hast so zugleich das Gefühl, aktiv an der Schwangerschaft teilzunehmen.

Vierte Vorsorgeuntersuchung – ab der 21. Woche der Schwangerschaft

Hier steht die zweite Ultraschalluntersuchung, der sogenannte „große Ultraschall“ an. Die Frauenärztin oder der Frauenarzt überprüft hierbei:

- ob alle Körperorgane ordnungsgemäß angelegt sind
- ob die Struktur der Plazenta stimmt und sie ordnungsgemäß sitzt
- die Größe des ungeborenen Babys
- die Fruchtwassermenge

Alle Screening-Resultate werden vom Arzt in den Mutterpass eingetragen.

Kostenpflichtige Vorsorge-Zusatzleistungen

- 3D/4D-Ultraschall Scan
- Zweiter Toxoplasmose-Test

Das Baby in Woche 21

- Die Scheitel-Fersen-Länge liegt nun bei 25 cm und das Körpergewicht des Babys klettert auf ca. 380 Gramm.
- Die Knochen wachsen weiter und lagern mehr Kalk ein.
- Die Muskulatur wird stärker und das Baby kann immer kräftiger strampeln.
- Die Nägelchen des Kindes sind komplett entwickelt, dennoch kann es sich damit nicht kratzen, denn die Haut ist von der Käseschmiere bedeckt.
- Das Ungeborene kann schon sehr gut Lichtveränderungen und Temperaturen wahrnehmen – trotz der noch verschlossenen Augenlider. Diese ersten Sinneswahrnehmungen basieren hauptsächlich auf Geräuschen,

die das Baby aus der Umwelt wahrnimmt. Sorge daher für angenehme und schöne Geräusche: Sprich mit dem Kind, spiele ruhige Musik ab oder versuch Dich doch mal als Sänger. Vie leicht entdeckst Du verborgene Talente?

Das Baby in Woche 22

- 26,5 cm groß und 430 g schwer – jetzt geht's rasant vorwärts!
- Das Baby trinkt häufig einen Schluck Fruchtwasser und bekommt auf diese Weise viele wichtige Proteine, Mineralsalze und Zucker mit auf den Weg. Auf diese Weise üben der Magen und auch die Nieren ihre Funktionen ein. Das Fruchtwasser bleibt dabei aber zuverlässig steril: Die wenigen Abfallprodukte, die sich in den Baby-Ausscheidungen befinden, werden durch die Plazenta in das Blutsystem Deiner Partnerin geleitet und schließlich über ihre Nieren aus dem Körper herausgeleitet.

Das Baby in Woche 23

- 28 cm und 480 Gramm! Die Augenbrauen und die Haare werden immer dichter. Im Nasen-Rachen-Ohr-Raum bilden sich die Mandeln aus.
- Das Baby kann immer mehr hören: der Herzschlag der Mutter, das Pulsieren der Nabelschnur, die Stimme der Mama, das Gluckern und Gurgeln des Darms.

- Auch von außen dringen mehr Geräusche an das Ohr des Babys.

Das Baby in Woche 24

- In dieser Woche erreicht das Baby eine Länge von ungefähr 30 cm und ein Gewicht von etwa 550 g. Es hat definitiv einen weiteren Wachstumsschub!
- Vor allem das Gehirn wächst rasant: Allmählich füllt das Kind den Platz in der Gebärmutter aus und der Raum für die eigenen Bewegungen wird täglich enger.
- Ab dieser Woche gilt das Baby aus medizinischer Sicht als lebensfähig: Das heißt, ein großer Meilenstein ist geschafft.
- Im Kopfbereich verändert sich sehr viel. Die Augenlider sind noch verschlossen, doch das Kind blinzelt immer häufiger. Es nimmt nun Licht, das durch die Bauchwand hinein dringt schon sehr gut wahr und wendet sich der Lichtquelle gerne zu.

Geburtsvorbereitung

Ab dem 6. Monat ist es sinnvoll, dass Ihr Euch Gedanken über einen Geburtsvorbereitungskurs macht. Die Schwangerschaft ist so weit vorangeschritten, die Geburt rückt immer näher und es ist ein guter Zeitpunkt, mit den Kursen zur

Geburtsvorbereitung zu beginnen. Studien zufolge verlaufen Geburten reibungsloser und komplikationsfreier, wenn sich Paare im Vorfeld gut darauf vorbereiten. Die werdenden Eltern sind dann sehr gut aufeinander eingespielt und kennen die Bedürfnisse, Ängste und Wünsche des jeweils anderen. Auf diese Weise kann die Geburt von beiden wesentlich positiver erlebt werden.

Nach dem ersten Schwangerschaftsdrittel sollte mit Deinem Geburtsvorbereitungskurs begonnen werden, spätestens jedoch in der 29. Schwangerschaftswoche. Auf diese Weise haben beide Partner ausreichend Zeit, die Inhalte aus dem Kurs zu erlernen und umzusetzen.

Ist eine Geburtsvorbereitung für Väter sinnvoll?

Auf jeden Fall! Solche Kurse sind nicht nur für werdende Mütter wichtig und sehr sinnvoll, sondern auch für Dich als werdender Papa!

In Geburtsvorbereitungskursen lernst Du zum Beispiel, wie Du Deine Partnerin in der Zeit der Schwangerschaft am effektivsten unterstützen kannst. Du erfährst viel über organisatorische Dinge vor der Geburt. Des Weiteren erlernt Ihr verschiedene Atem- und Entspannungstechniken! Nicht zuletzt gibt es viel über den Umgang mit Schmerzen, die bevorstehende Geburt, die Zeit des Wochenbetts und sogar über die spätere Babypflege zu erfahren.

In den letzten Schwangerschaftswochen wird vielen Paaren noch einmal mehr bewusst, dass schon ganz bald ein neues Familienmitglied den Alltag bestimmen wird. Je genauer man sich darauf vorbereitet, desto schöner und stressfreier kann der gemeinsame Start zu dritt werden.

Wenn Du zum ersten Mal Papa wirst und noch keine genauen Vorstellungen von der Geburt, von den körperlichen Veränderungen bei Deiner Partnerin nach der Entbindung oder vom neuen Familienalltag hast – dann solltest Du unbedingt einen solchen Vorbereitungskurs besuchen. Das kann Dir sehr weiterhelfen und Dir viele Fragen beantworten, die aktuell in Deinem Kopf umherschwirren. Wenn Dir alles ein wenig klarer ist und Dir die bevorstehende Zeit nicht mehr so ungewiss und unbekannt erscheint, dann nimmt Dir das die Angst – und das ist das Wichtigste, um Stress und innere Unruhe zu vermeiden. Ihr als werdende Eltern werdet gemeinsam viel besser mit sämtlichen Veränderungen umgehen können, die Euch bevorstehen.

Übrigens:
In Kursen zur Geburtsvorbereitung werden Euch auch entspannende Gymnastikübungen gezeigt. So könnt Ihr die etwas beschwerlichere Zeit gegen Ende der Schwangerschaft viel relaxter und wohltuender gestalten.

Auch Massage-Techniken werden in den Vorbereitungskursen vorgestellt und erklärt. So gibt es zum Beispiel Massagen, die Deiner Partnerin helfen können, die Geburtswehen besser zu ertragen. Damit kannst Du ihr als Partner immens helfen.

Und das Wichtigste: Im Geburtsvorbereitungskurs erfährst Du auch, dass Du bei der Geburt Deines Kindes im Grunde hilflos daneben stehst und zusehen musst, wie Deine Partnerin Schmerzen hat. Manche Frauen weinen sogar oder fühlen sich mit ihren Kräften komplett am Ende. Du kannst in diesen Momenten leider wenig tun, um ihr diesen Schmerz abzunehmen. Diese Ohnmacht ist für viele Männer besonders schwer zu ertragen und exakt das wird Dir im Geburtsvorbereitungskurs vermittelt.

Die besten Tipps zur Geburtsvorbereitung für werdende Papas

Es liegt in der Natur der Sache, dass in puncto Schwangerschaft und Entbindung eher die werdende Mama im Mittelpunkt der Aufmerksamkeit steht. Das ist vollkommen klar, denn schließlich leisten sie und ihr Körper eine wahre Meisterleistung, damit ein neues Leben entstehen kann.

Die Väter geraten dann eher ein wenig ins Abseits und das ist schade, denn Du kannst Deine Partnerin effektiv unterstützen!

Vor allem beim ersten Kind sind die Veränderungen im Alltag und im persönlichen Bereich besonders einschneidend – und zwar für beide Partner. Damit die Geburt und die Zeit danach bestens gelingen kann, ist eine Geburtsvorbereitung ratsam, denn in einem solchen Kurs bekommst Du genau dafür die besten Tipps.

Setze Dich intensiv mit dem Thema „Geburt & Entbindung“ auseinander

Ratgeber wie dieses Buch zum Beispiel oder eben ein Geburtsvorbereitungskurs sind großartige Möglichkeiten, um sich einschlägig zu informieren. Wie verläuft eine Geburt? Welche Komplikationen könnten auftreten? Welche wichtigen medizinischen Entscheidungen – zum Beispiel über erforderliche Interventionen – könnten von Euch als werdende Eltern zu treffen sein?

Versuche, Dich so umfassend wie nur möglich zu informieren, damit Du am Tag der Entbindung keine bösen Überraschungen erlebst.

Sprich immer offen mit Deiner Partnerin!

Eine offene Kommunikation ist das A und O gerade in dieser Zeit! Daher solltest Du mit Deiner Partnerin stets im Austausch bleiben. Wie stellt sie sich eigentlich die Geburt vor? Was hat sie für Wünsche? Was hat sie möglicherweise für

Sorgen und Ängste? Wenn Ihr im Vorfeld offen miteinander sprecht, lassen sich viele Missverständnisse und großer Frust vermeiden.

Aber auch im Anschluss an die Geburt bleibt die Kommunikation zwischen Euch beiden von entscheidender Bedeutung! Vielleicht hast Du bislang Dinge gesehen, die sich für Deine Partnerin zwischenzeitlich verändert haben: Das kann ein temporärer oder auch ein dauerhafter Zustand sein. Vielleicht fällt es Dir schwer, Dich gleich in die neue Papa-Rolle hineinzufinden! Sprich offen mit Deiner Partnerin über Deine Gedanken, Sorgen oder Ängste. Wenn Sie weiß, was in Dir vorgeht, kann Sie gezielt darauf eingehen und Dich besser unterstützen.

All diese Dinge sind nichts, wofür Du Dich schämen müsstest. Es ist aber wichtig, dass Ihr wisst, was den jeweils anderen beschäftigt.

Nicht nur Deine Partnerin braucht eine Kliniktasche!

Klar, bevor es richtig losgeht mit den Geburtswehen, muss die Kliniktasche gepackt sein: Was für die werdende Mama in diesem Zusammenhang wichtig ist, erfährst Du in einer Checkliste unter dem Kapitel „Monat 9 – Schwangerschaftswoche 33-36: Endspurt".

Doch nicht nur für Deine Partnerin ist die Geburt ein anstrengender und möglicherweise lang andauernder Marathon. Nach stundenlangen Wehen wird es ohne Trinken und Essen nicht einfacher werden, Deine Partnerin kompetent zu unterstützen. Darüber hinaus ist die Geburt Eures Kindes natürlich für Dich ein emotional sehr aufwühlendes Ereignis. Packe daher im Idealfall auch für Dich selbst eine kleine Kliniktasche:

- ausreichend Wasser
- nicht zu warme und bequeme Kleidung, denn im Kreißsaal ist es oft sehr warm
- kleine Snacks/Energiespender wie Müsli-, Fruchtriegel oder Schokolade
- Falls gewünscht: eine Kamera

Das Smartphone muss ausgeschaltet und draußen bleiben. Das Handy stört die Entbindung nur. In den meisten Kliniken sind Mobiltelefone sogar komplett verboten.

Hab Vertrauen – vor allem in die Kraft Deiner Partnerin!

Es ist natürlich nachvollziehbar, dass Du besorgt und auch traurig bist, wenn Du siehst, dass Deine Partnerin unter Schmerzen leidet. Doch versuche Dir immer wieder selbst vor Augen zu führen, dass die Geburt ein ganz natürlicher Vorgang ist, den schon unzählige Frauen zuvor unbeschadet durchgestanden haben. Hab Vertrauen in die Natur und in die Kraft Deiner Partnerin.

Hab Vertrauen in das Personal des Krankenhauses

Ärztinnen, Ärzte, Hebammen und Krankenschwestern haben schon Hunderte Entbindungen erfolgreich begleitet und durchgeführt.

Vertraue den Experten und ihrer langjährigen Berufserfahrung. Was für Dich neu, ungewohnt und vielleicht auch nervenaufreibend ist, ist für das Klinikpersonal der pure Alltag.

Frage ruhig nach, wenn etwas unklar ist oder hinterfrage mögliche Entscheidungen kritisch. Es ist ungemein wichtig, dass für Dich und Deine Partnerin nichts unklar bleibt und Ihr nicht verunsichert seid.

Nimm jeden einzigen Augenblick bewusst wahr!

Schalte Dein Handy ruhigen Gewissens aus und versuche dieses unvergleichliche Ereignis auf Dich wirken zu lassen. Das ist eine einmalige Erfahrung in Deinem Leben, von der Du später nicht nur Deinem Kind erzählen wirst, sondern auch Euren Familien und Freunden! Erlebe jeden Augenblick so intensiv wie möglich mit und teile diesen außergewöhnlichen Moment ganz nah mit Deiner Partnerin.

Sei der Ruhepunkt!

Im Kreißsaal geht es oft hektisch vor sich! Da kann es durchaus sein, dass Deine Partnerin vor lauter Schmerzen und Erschöpfung etwas gereizt reagiert. Da hilft es niemandem, wenn Du ebenfalls hektisch oder gar nervös bist. Versuche vielmehr ein Fels in der Brandung zu sein und ein Ruhepunkt für Deine Partnerin.

Sei das Sprachrohr Deiner Partnerin!

Wie bereits beschrieben, ist es in dieser Zeit sehr wichtig, mit Deiner Partnerin in einem engen und vertrauten Austausch zu bleiben! Wenn Du ihre Wünsche genau kennst, kannst Du im Rahmen des Geburtsprozesses ihr Sprachrohr sein! Versuche ihre Vorstellungen, Wünsche oder natürlich ihre Bedenken dem Klinikpersonal zu vermitteln und so für mehr Zufriedenheit und Wohlbefinden zu sorgen!

Vergiss nicht: Deine Rolle als Papa musst Du erst noch erfinden!

Das ist ein sehr wichtiger Prozess im Rahmen der Geburtsvorbereitung. Deine Partnerin erlebt die Zeit der Schwangerschaft ganz anders, denn sie hat das Baby in ihrem Bauch und kann somit eine viel intensivere Verbindung zu ihm aufbauen. Auch in der Stillzeit ist es die Mama, die die Bedürfnisse des Babys in erster Linie erfüllen kann.

Geh folglich bitte nicht zu streng mit Dir ins Gericht! Du spielst eine sehr wesentliche Rolle im Leben Deines Kindes, auch wenn Du ein wenig Geduld brauchst, bis Du mit Deiner neuen Papa-Rolle so richtig warm geworden bist.

Geh Deinen eigenen Weg!

Jeder Mann hat seine eigene Art, um sich auf die Geburt vorzubereiten. Der eine liest jede Literatur, die ihm in die Hände fällt und bereitet sich auf alle Eventualitäten vor. Andere wiederum macht das nur noch nervöser. Lass Dich nicht verunsichern, denn DEN EINEN Weg, um sich ideal auf die Geburt vorzubereiten, gibt es nicht.

Mach Dein eigenes Ding und geh den Weg, der sich für Dich am besten anfühlt! Auf diese Weise wirst Du ganz schnell zu einem großartigen Geburtsbegleitungspartner und einem echten Baby-Profi! Eine gute Vorbereitung ist schließlich das Wichtigste!

Tipp:
Ein Geburtsvorbereitungskurs ist eine fantastische Möglichkeit, um andere werdende Väter zu treffen. Nicht jeder Mann hat werdende Papas im Freundes- oder Kollegenkreis. Da sind Geburtsvorbereitungskurse eine großartige Chance, um sich unter Männern auszutauschen, die in derselben Situation sind.

Nutze diese Gelegenheit, denn solche Freundschaften sind sehr wertvoll und wie ein „erweiterter Familienkreis" zu betrachten.

Auch die werdenden Väter sollten im Geburtsvorbereitungskurs gezielt Beachtung finden. Unter Umständen sollte die Kursleiterin schon im Vorfeld gebeten werden, die Männer mit ihren Bedürfnissen miteinzubeziehen!

Als werdende Papas könnt Ihr eigene Themen vorschlagen oder Euch mit den folgenden Fragen beschäftigen:

- Welche Sorgen und Wünsche haben Männer rundum die Geburt?
- Will ich oder sollte ich bei der Geburt dabei sein? Was möchte ich nicht sehen? Was möchte ich unbedingt sehen?

- In welcher Klinik haben sich vielleicht andere Väter schon sehr gut aufgehoben gefühlt?
- Wie kann die Geburt des Babys als Familie gebührend gefeiert werden?
- Was ist werdenden Papas für die erste Zeit zu Hause zu dritt besonders wichtig?
- Was kann ich als werdender Vater in der Wochenbettzeit für meine Partnerin leisten? Wie sieht eine optimale Unterstützung und Entlastung aus?
- Wird das Baby die Paarbeziehung verändern und wenn ja, inwiefern?
- Wie kann das partnerschaftliche Liebesleben nach der Geburt des Babys aussehen?
- Was möchte ich als Papa meinem Kind für das weitere Leben mit auf den Weg geben?
- Wie verändert die Vaterrolle mich selbst?
- Was verändert sich für mich und für meine Partnerin beruflich, privat und auch sozial?
- Wie verändert die Elternrolle das Verhältnis zu den eigenen Eltern?

WIE UND WO SOLL DAS BABY EIGENTLICH ZUR WELT KOMMEN?

Ein wichtiger Teil der Geburtsvorbereitung ist natürlich, sich gemeinsam zu überlegen, wo und wie Euer Kind das Licht der Welt erblicken soll.

Die unterschiedlichen Orte zum Entbinden bieten Ihre Vor- und Nachteile. Für welchen Geburtsort Ihr Euch letztlich entscheidet, hängt ganz von Euren Vorlieben sowie vom Schwangerschaftsverlauf ab.

In einer Klinik gibt es zum Beispiel feste Strukturen, ein professionelles Betreuungsteam und alle medizinischen Notwendigkeiten, um im Ernstfall schnell reagieren zu können. Einige Kliniken haben sogar eine eigene Kinderklinik oder Neugeborenen-Intensivstation anbei: Dort kann auch für Frühchen eine sehr hohe professionelle Versorgungsqualität sichergestellt werden.

Es gibt bestimmte Situationen, in denen eine Klinikgeburt die sinnvollste Variante ist, so zum Beispiel bei:

- bei Komplikationen, die im Verlauf der Schwangerschaft aufgetreten sind
- falls Deine Partnerin schon einmal entbunden hat und es im Rahmen früherer Geburten zu einem hohen Blutverlust kam
- bei Mehrlingsschwangerschaften
- bei einem schwangerschaftsbedingten Bluthochdruck
- wenn das Baby in Steißlage oder quer liegt
- bei einem sehr langsamen Geburtsverlauf
- o.ä.

Hat Deine Partnerin bereits eine Hebamme, die sie durch

die Schwangerschaft begleitet, kann sie diese als Begleithebamme in die Klinik mitnehmen. Alternativ steht vor Ort geschultes Personal zur Verfügung. Allerdings muss in diesem Zusammenhang der Schichtdienst berücksichtigt werden: Das heißt, dass in der Klinik das Betreuungspersonal wechseln kann (je nachdem, wie lange die Geburt dauert).

Wie schnell die Klinik nach der Geburt verlassen werden kann, hängt zum einen von Euren individuellen Wünschen ab und zum anderen vom Verlauf der Geburt. Bei einer unproblematischen Geburt könnt Ihr nach rund drei bis vier Tagen nach Hause. Im Fall eines Kaiserschnitts kann unter Umständen ein längerer Aufenthalt von rund fünf bis sieben Tagen erforderlich sein.

Übrigens:
Viele Kliniken bieten spezielle Familienzimmer an: Dort kannst Du als frischgebackener Papa mit Deiner Partnerin und Deinem neugeborenen Baby übernachten.

In vielen großen Krankenhäusern gibt es heutzutage sogenannte Hebammen-Kreißsäle.
Dort kann das Baby – nur unter Betreuung einer Hebamme – geboren werden. Das Ziel dieses Geburtsmodells ist, werdende Eltern umfassend bei der Geburt zu begleiten, ohne

sie aber mit unnötigen medizinischen Eingriffen zu belasten. Würde es während der Geburt jedoch zu einem akuten Notfall kommen, so ist ein Arzt schnell zur Stelle. Das gibt werdenden Eltern ein großes Maß an Sicherheit!

Deine Partnerin kann diese Hebamme, von der sie während der Geburt betreut, wurde für das Wochenbett übernehmen.

Für einen solchen Hebammen-Kreißsaal könnt Ihr Euch entscheiden, wenn die Schwangerschaft normal verläuft und keine Geburtsrisiken absehbar sind.

Eine weitere Möglichkeit der Entbindung liegt im Geburtshaus.
In sehr vielen Fällen wird es von mehreren Hebammen betrieben, manchmal sogar in fester Zusammenarbeit mit Ärzten. Das Ziel besteht darin, werdenden Eltern mit einem möglichst geringen technisch-medizinischen Aufwand eine natürliche Entbindung in einer angenehmen Atmosphäre zu ermöglichen.

Schwangerschaft und Geburt gelten hier als völlig natürliche Vorgänge, die in der Regel keinen medizinischen Eingriff benötigen. Sollte das trotzdem der Fall sein, können Paare schnell und unkompliziert in eine nahe gelegene Klinik verlegt werden.

Einige Paare entscheiden sich auch für eine Hausgeburt. Hierfür ist der intensive Kontakt zwischen Euch als werdenden Eltern und der Hebamme besonders wichtig. Damit eine Hausgeburt gelingen kann und für alle Beteiligten zu einem „positiven Erlebnis" wird, muss ein Grundvertrauen vorhanden sein und die Chemie zwischen allen stimmen. Auch der behandelnde Arzt oder die Ärztin wird im Verlauf der Schwangerschaft genau prüfen, ob eine Hausgeburt bei Deiner Partnerin infrage kommt und ob mögliche Komplikationen mit ziemlich hoher Sicherheit ausgeschlossen werden können.

Letztendlich kannst Du Dich mit Deiner Partnerin für eine ambulante Geburt entscheiden! Diese findet ebenfalls in einem Kreißsaal statt. Nach der Entbindung muss Deine Partnerin aber nicht auf die Station verlegt werden, sondern darf nur wenige Stunden im Anschluss an die Geburt wieder nach Hause.

Bedenke in diesem Zusammenhang aber bitte, dass es immer zu unvorhergesehenen Änderungen kommen kann: Auch wenn Ihr Euch im Vorfeld gemeinsam für diese Geburtsvariante entschieden habt, so kann es doch immer wieder mal vorkommen, dass ein kurzer Klinikaufenthalt erforderlich ist. Das Wohlergehen des Babys und Deiner Partnerin hat immer absolute Priorität.

Wenn Deine Partnerin ambulant entbinden möchte, findet die erste Vorsorgeuntersuchung des neugeborenen Babys noch im Kreißsaal statt. Das Neugeborenen-Screening, das 36 bis 72 Stunden nach der Geburt durchgeführt wird, sowie die zweite Untersuchung, die zwischen dem dritten und dem zehnten Lebenstag vorgesehen ist, kann in der Regel ebenfalls ambulant in einer Kinderarztpraxis durchgeführt werden.

Wählt den Geburtsort gemeinsam und in aller Ruhe aus!

Der Geburtsort, der am besten zu Euch passt, ist eine immens wichtige Entscheidung! In vielen Städten – vor allem in Großstädten – gibt es mehrere Geburtskliniken. Du kannst dort gemeinsam mit Deiner Partnerin hingehen und eine Kreißsaal-Führung in Anspruch nehmen. Dort bekommt Ihr einen ersten Eindruck und könnt direkt aufnehmen, wie die Umgebung und das betreuende Personal auf Euch wirken.

Auch folgende Checkliste kann Euch bei der Entscheidungsfindung helfen:

- Wie ist der Kreißsaal ausgestattet? Ist es eine freundliche und helle Umgebung mit vielen Fenstern, einem breiten Bett, einem sogenannten Gebärhocker? Ist vielleicht sogar eine Badewanne im Kreißsaal vorhanden?

- Wie häufig kommen Kaiserschnitte, Wassergeburten oder natürliche Geburten vor? Lasst Euch gerne vom

Personal prozentuale Angaben und mehr Informationen geben. So könnt Ihr Euch ein Bild vom Geburtsgeschehen in dieser Klinik machen.

- Kann Deine Partnerin die verschiedenen Geburtspositionen frei wählen? Kann sie sich zum Beispiel bewegen, sitzen oder sogar stehen?

- Wie viele Gebärende betreut eine angestellte Hebamme der Geburtsklinik im Schnitt?

- Wie werden die Geburtswehen und die Herztöne des Babys überwacht? Funktioniert das kabellos oder verdrahtet? Eine Verkabelung schränkt oft die Bewegungsfreiheit der werdenden Mama ein.

Mediziner und auch Hebammen berichten immer wieder, dass werdende Papas einen verstärkten Fokus auf die technische Ausstattung der Klinik richten. Das ist bei werdenden Mamas eher nicht der Fall. Sie vertrauen vielmehr auf die Intuition, die Sympathie und die Berufserfahrung des Personals. Während die Frauen also mehr auf Geborgenheit und ein Sicherheitsgefühl vertrauen, fragen Männer häufiger nach, was das ein oder andere Gerät im Kreißsaal leistet beziehungsweise was die Anzeige bedeutet.

Frauen möchten nicht selten ohne den Einsatz von Technik gebären, beispielsweise zu Hause oder im Geburtshaus

Werdende Väter sind eher dagegen. Das männliche Fürsorge- und Verantwortungsgefühl zeigt sich hierbei oft in einem Bedarf nach technisch-medizinischer Kontrolle. Werdende Papas gewinnen durch die Hilfe der Medizintechnik ein Gefühl der Sicherheit in der für sie so neuen, unbekannten und nervenaufreibenden Situation der Geburt.

Wichtig bei der Entscheidung ist, dass Ihr gemeinsam einen Weg findet, der beide Aspekte berücksichtigt und in der Mitte zwischen Technik, Sicherheit und Geborgenheit liegt. In erster Linie muss sich Deine Partnerin wohl und bestens aufgehoben fühlen.

- Wie wird das Baby im Kreißsaal empfangen? Wird es Deiner Partnerin auf den Bauch gelegt oder wird es zunächst einmal gewaschen, untersucht und angezogen?

- Wird das Neugeborene sofort abgenabelt oder kann die Nabelschnur erst auspulsieren? Letzteres soll für das Baby der sanftere Weg sein.

- Kannst Du auch bei einem Notfall-Kaiserschnitt dabei sein und Dich weiterhin um Deine Partnerin kümmern?

- Wie viel Zeit wird nach der Geburt des Babys für die Plazenta-Ablösung einkalkuliert? Wann werden Medikamente verabreicht, um die Nachgeburtsphase anzustoßen?

- Werden im Wochenbett Tipps und Informationen zum Stillen gegeben?

- Gibt es eine Möglichkeit, ein Familienzimmer zu bekommen?

SSW
25–28

MONAT 7: DIE SPORTLICHE BETÄTIGUNG GEHT WEITER!

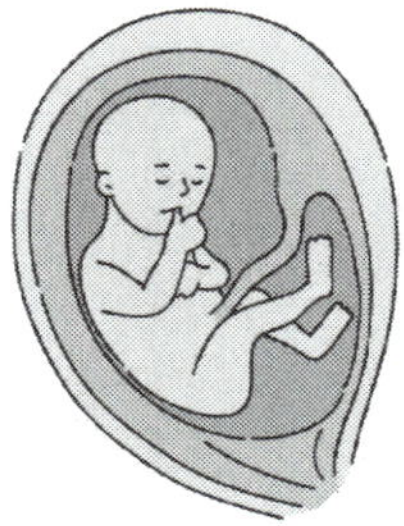

Nun beginnt das letzte Schwangerschaftsdrittel (Trimester). Die Schwangerschaft ist körperlich vorangeschritten und die physischen Belastungen nehmen für Deine Partnerin spürbar zu.

- Die Gebärmutter Deiner Partnerin wächst nun immer mehr. Dadurch werden die inneren Organe ein wenig nach oben geschoben, was zu Kurzatmigkeit oder Sodbrennen führen kann.
- Auch langes Stehen wird Deiner Frau immer schwerer fallen.
- Manche Frauen haben in dieser Zeit schmerzende oder taub anfühlende Hände und Finger. In einigen Fällen können auch die Handgelenke geschwollen sein. Eine Bandage oder eine Lagerungsschiene kann ihr helfen. Auch eine Handmassage kann sehr wohltuend sein.

- Das Baby wächst rasend schnell und ist dringend darauf angewiesen, dass sich die Mama abwechslungsreich und gesund ernährt. Achte also darauf, dass ihr gesunde, nährstoffreiche und vollwertige Nahrungsmittel im Haus habt.
- Leichte Spaziergänge können Deiner Partnerin in dieser Schwangerschaftsperiode sehr guttun und ihr zu einem guten Körpergefühl verhelfen.

Fünfte Vorsorgeuntersuchung – ca. 25. Woche der Schwangerschaft

Die nächste Ultraschalluntersuchung ist an der Reihe.

Das Baby in Woche 25

- Das Baby ist jetzt 33-35 cm groß und wiegt zwischen 650 und 700 g.
- Das Rückenmark wird immer länger und umschließt die Wirbelsäule.
- Von nun an wird das Baby immer rundlicher und lagert mehr und mehr Fett im Gewebe ein.
- Diese Fettreserven braucht das Baby für die Zeit nach der Geburt, wenn sich der kindliche Stoffwechsel erst auf die Stillmahlzeiten einstellen muss.
- Langsam entwickelt das ungeborene Baby auch einen

Wach- und Schlafrhythmus, der sich aber final noch einpendeln muss.

Das Baby in Woche 26

- Die Größe misst ca. 36 cm und das Gewicht steigt auf über 750 g an.
- In den Lungen des Babys entwickelt sich eine Vorform der Lungenbläschen. Es wächst ein Kapillaren-Netz heran, also ganz feine Blutgefäße.
- Das Baby tritt mittlerweile kräftig.
- Auch die Nerven rund um den Mund- und Lippenbereich werden immer sensibler: So bereitet sich auch das Kind auf die späteren Stillmahlzeiten vor.

Das Baby in Woche 27

- Das Baby erreicht in diesen Tagen eine Größe von 37 cm und ein Gewicht von mehr als 900 g.
- Das Köpfchen hat nun einen Durchmesser von ca. 7 cm.
- Das Baby verbringt den Tag mit Purzelbäumen, Daumen lutschen, schlafen, wachsen und Fruchtwasser trinken.
- In dieser Woche ist es endlich so weit: Die Augen Ihres Kindchens öffnen sich. Auch die Wimpern sind mittlerweile gewachsen.

Das Baby in Woche 28

- Das Baby erreicht in dieser Schwangerschaftswoche ungefähr ein Drittel seines geschätzten Körpergewichts: Es ist ungefähr 1000 bis 1100 g schwer und 38 cm groß.
- Unter dem Zahnfleisch bilden sich die Milchzähnchen.
- Das Gehirn vergrößert sich immer mehr und nimmt deutlich an Volumen zu, ohne jedoch, dass das Köpfchen zu groß wird. Der Trick dabei ist, dass das Groß- und das Kleinhirn spezielle Vertiefungen und Windungen ausbilden.
- Im Großhirn des Babys entstehen die wichtigen Gräben und die Furchen, die spezifische Funktionen erfüllen. Auch im Kleinhirn entstehen die typischen Einsenkungen und Windungen.

Sechste Vorsorgeuntersuchung – 26. – 28. Woche der Schwangerschaft

Durch einen Glukosetoleranztest, der oral eingenommen wird, wird in diesem Stadium untersucht, ob möglicherweise ein Schwangerschaftsdiabetes vorliegt.

HOME SWEET HOME ...

Gerade während der Zeit der Schwangerschaft erwacht in vielen Paaren der Wunsch nach einem eigenen Heim oder einer gemeinsamen Wohnung. Die erste gemeinsame Wohnung muss nicht unbedingt ab dem ersten Tag perfekt sein. Euer kleines Baby wird sich bei Euch in jedem Fall wohlfühlen und braucht in besonderer Weise Eure Liebe und Zuneigung.

Bei der Einrichtung muss es nicht immer das Teuerste sein, was Möbelgeschäfte aktuell zu bieten haben. Gerade am Anfang dürfen es ruhig günstigere Alternativen oder Second-Hand-Produkte sein, die zum Einsatz kommen. So könnt Ihr am Anfang einiges an Geld sparen und Euch vollkommen auf Eure kleine Familie konzentrieren.

Falls Ihr mit dem Gedanken spielt, ein Eigenheim zu erwerben, solltet ihr die finanziellen Aspekte genau abwägen. Gerade mit einem kleinen Baby und der noch sehr neuen Situation solltest Du mit Deiner Partnerin alle Vor- und Nachteile genau diskutieren. Manchmal kann es hilfreich sein, sich erst einmal etwas als Familie einzuleben und dann über ein Eigenheim nachzudenken. So habt Ihr genügend Zeit, genau zu prüfen, welche Wünsche Ihr habt und könnt im Folgenden ein Eigentum finden, das zu Euch passt.

Viele frischgebackene Väter müssten in so einem Fall nämlich ihre Elternzeit verkürzen, damit sie ein höheres Einkommen in das Eigentum stecken können. Darunter leiden besonders die gemeinsame Paar-, aber auch die Babyzeit. Prüft daher genau, ob aktuell der richtige Zeitpunkt für ein Eigentum ist, oder ob Ihr hiermit nicht noch etwas warten wollt.

Baby-Schlafplatz

Gerade in den ersten Monaten braucht Euer Baby kein eigenes Zimmer, Ihr könnt Euch damit ruhig etwas Zeit lassen. Am Anfang gibt es Möglichkeiten, dass Ihr das neugeborene Baby bei Euch im Schlafzimmer habt. Hierfür eigenen sich spezielle Baby-Betten, die auch an Eurem befestigt werden können. Der Vorteil ist ganz klar, dass Ihr sofort bei Eurem Baby seid. Ihr könnt gleich, wenn es etwas unruhig wird in das Bettchen greifen und es streicheln. Das Baby spürt die Nähe und kann sich wieder beruhigen. Falls Deine Partnerin stillt, kann sie Euer Baby mit so einer Bett-Erweiterung unkompliziert stillen.

Falls Du handwerkliches Geschick hast, kannst Du so ein Babybett auch selbst aus einem bereits vorhandenen Bettchen bauen.

Baby-Basics – Checkliste für die Basis-Ausstattung

Gerade in dem letzten Trimester solltet Ihr Euch mit dem Thema Baby-Basisausstattung beschäftigen. Es gibt unzählige Produkte für Babys, doch nicht alles braucht Ihr gleich zu Beginn. Die nachfolgenden Checklisten helfen Euch am Anfang die wichtigsten Produkte für Euer Baby zu besorgen.

Die Erstausstattung für zu Hause

Wickeln

- [ ] Wickeltisch oder Kommode
- [ ] Windel-Mülleimer
- [ ] Auflage für den Wickeltisch
- [ ] Baby-Wundschutzcreme
- [ ] Päckchen feuchte Babytücher
- [ ] milde Reinigungsemulsion
- [ ] Päckchen Windeln (Größe 1)

Babypflege

- [ ] Fieberthermometer
- [ ] Badetücher
- [ ] Badewanne für das Baby
- [ ] Thermometer für die Wassertemperatur beim Baden
- [ ] sanfter Badezusatz
- [ ] Baby-Creme

Das Baby-Schlafzimmer – alles für den erholsamen Schlaf

- [ ] Baby-Bett oder Baby-Wiege

  Das Baby-Bettchen sollte unbedingt ein TÜV-Siegel oder GS-Siegel aufweisen. Nur hierdurch ist gewährleistet, dass es geprüft und für das Baby geeignet ist.
- [ ] Matratze
- [ ] Spannbettlaken
- [ ] Schlafsack, der an die Größe des Babys angepasst ist

  Ganz wichtig ist, dass die Größe vom Schlafsack nicht zu groß sein darf. Euer Baby kann ansonsten darin einsinken, nehmt ihn also lieber eine Nummer kleiner.
- [ ] Decke für das Baby

  Individuell nach Saison

Die Erstausstattung für unterwegs

- [ ] Kindersitz für das Auto
- [ ] Wickeltasche
- [ ] Kinderwagen

  Beim Kinderwagen gibt es ein paar Dinge zu beachten. Ihr solltet Euch vorher darüber Gedanken machen, welches Modell am besten geeignet ist.

  Es gibt Kinderwägen, die bieten mehr Stauraum oder lassen sich besser im Gelände fahren. Lasst Euch hier unbedingt beraten, um den passenden Kinderwagen zu finden.

Die wichtigsten Anziehsachen

Sommerkleidung

- [ ] Für die warmen Tage UV-Kleidung, die das Kind vor Sonnenstrahlung und UV-Strahlen schützt.
- [ ] Sommer-Bodys aus leichtem Baumwolle-Material

Winterkleidung

- [ ] Mütze, um den empfindlichen Kopf des Babys zu schützen
- [ ] Schal
- [ ] Fäustlinge
- [ ] warme Jacke
- [ ] Hose
- [ ] Pullover
- [ ] warme Bodys

Basic-Kleidung

- [ ] Bodys
- [ ] Strampler
- [ ] Socken
- [ ] Leichte Mütze für unterwegs
- [ ] Schlafanzüge

Übrigens:
Baby-Kleidung könnt Ihr auch als Second-Hand-Produkte kaufen. Das ist gerade bei Babys besonders ratsam, da sie in den ersten Monaten sehr schnell wachsen.

Ausstattung für Stillen & Flaschennahrung

- [ ] Fläschchen
- [ ] Säuglingsnahrung
- [ ] Still-BH

  Deine Partnerin sollte sich einen speziellen Still-BH zulegen. Zusätzlich werden Still-Einlagen benötigt.

CARRY ME! DIE WICHTIGSTEN TRANSPORT- UND TRAGEMITTEL FÜR DAS BABY

Besonders wichtig ist eine hochqualitative **Babyschale**, denn diese wird Dein Baby bei Autofahrten brauchen! Informiere Dich vor dem Kauf online und lies Dir unbedingt die Bewertungen anderer Kunden durch. Sicherheit ist natürlich das A und O. Das Baby muss darin optimal liegen können, damit der Rücken und die Wirbelsäule nicht geschädigt werden.

Beachte unbedingt auch die Einbauhinweise des Auto- und des Babyschalenherstellers – vor allem auch unter Berücksichtigung des KFZ-Airbags.

Mindestens genauso wichtig ist der **Kinderwagen**, denn für die allermeisten Eltern ist er das wichtigste Transportmittel. Der Kinderwagen sollte eine gute Federung haben, um den Baby-Rücken zu schonen. Solange Dein Baby noch nicht ohne Stütze sitzen kann, sollte es im Kinderwagen möglichst flach liegen. Buggys sind für neugeborene Babys ungeeignet.

Du solltest beim Kinderwagenkauf aber nicht nur den Baby-Rücken beachten, sondern auch Deinen sowie den Deiner Partnerin.

Der Griff sollte auf der entsprechenden Höhe einstellbar sein. Darüber hinaus solltet Ihr beim Schieben ausreichend Fußfreiheit haben. Es wäre äußerst unpraktisch, wenn der Kinderwagen von der Seite geschoben werden müsste.

Der Kinderwagen sollte eine sehr hohe Stabilität aufweisen, also kippsicher sein. Ebenso sind beidseitige Bremsen wichtig.

Achte beim Kauf auch darauf, dass der Kinderwagen gut zusammengeklappt und im Fahrzeug verstaut werden kann.

Wenn Du den Kinderwagen oft tragen musst, solltest Du einen Wagen auswählen, der nicht zu schwer ist.

Eine sehr wichtige Tragehilfe im Alltag sind **Tragetücher**! Viele Babys lieben den nahen Körperkontakt zu Mama und Papa. Lasst Euch beim Kauf und vor der Anwendung im Fachgeschäft umfassend beraten. Auch die Hebamme Deiner Partnerin kann Euch genau zeigen, wie mit der Tragehilfe umzugehen ist, bis Ihr Euch ganz sicher damit fühlt. Damit sich Euer Kind gesund und gut entwickeln kann, muss es richtig ins Tragetuch gewickelt werden. Wird es hingegen schief gewickelt, kann das massiv der kindlichen Wirbelsäule schaden.

Ein hochwertiges Tragetuch sollte immer aus stabilem und festem Baumwollmaterial bestehen. Du kannst das Tuch im Übrigen nicht nur als Tragehilfe nutzen, sondern auch als Schaukel für Euer Kleines.

Übrigens:
Sowohl das Tragetuch wie auch der Kinderwagen müssen nicht neu sein. Du kannst sehr qualitative Second-Hand-Artikel kaufen.

SSW 29–32

MONAT 8: JETZT WIRD'S RICHTIG ENG

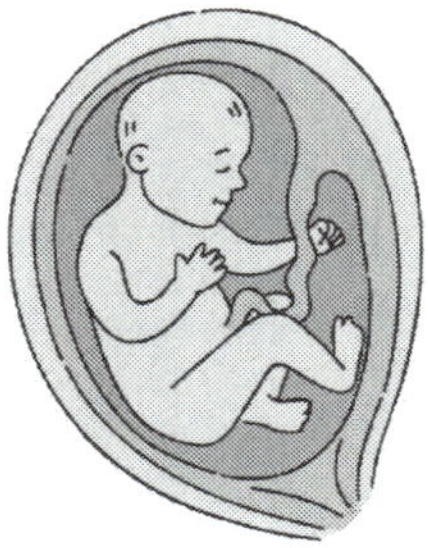

Das Baby bewegt sich zunehmend aktiver und raubt der werdenden Mama immer öfter den Schlaf.

Die organische Entwicklung des Kindes ist jetzt im Grunde vollständig abgeschlossen.

Die Aufgabe lautet jetzt: Wachsen, Wachsen, Wachsen...

- Die Gebärmutter wird ständig schwerer und drückt mehr und mehr auf den Blutkreislauf.
- Deine Partnerin braucht ab jetzt viel Ruhe. Versuche sie regelmäßig dazu zu ermutigen, die Beine hochzulegen.
- In der 30. Schwangerschaftswoche können die ersten „Übungswehen" auftreten. Entspannungs- und Atemübungen können hier wohltuend Abhilfe leisten.

- Der Bauchumfang wird permanent größer und die Zahl auf der Waage klettert nach oben.
- Das Baby bewegt sich jetzt weniger, denn der Platz in der Gebärmutter wird kontinuierlich knapper.
- Auch Schlafprobleme gesellen sich langsam zum Alltag hinzu und Deiner Partnerin kann es mit jeder Nacht schwerer fallen, eine bequeme Schlafposition zu finden.
- Geht gerne gemeinsam in Ruhe spazieren, mache ihr eine Tasse Tee und hilf Deiner Frau dabei, sich zu entspannen.

Das Baby in Woche 29

- Das Baby ist ca. 39 cm groß und wiegt 1,3 kg.
- Dank der stetig fortschreitenden Gehirnentwicklung kann Euer Baby eine Atemübung und auch seine eigene Körpertemperatur kontrollieren. Es kann sich zu helleren Bereichen in der Gebärmutter bewegen und strebt gerne Lichtquellen entgegen.
- Bei Jungen wandern die Hoden von den Nieren durch die Leiste hinunter zum Hodensack. Bei Mädchen steht die Klitoris noch ein wenig nach außen, weil die Schamlippen nicht groß genug sind, um sie zu bedecken.

Das Baby in Woche 30

- Die Größe liegt nun zwischen 39 und 40 cm. Das Gewicht klettert hoch auf 1,4 kg.
- In dieser Woche verschwindet die Lanugo-Flaumbehaarung beim Baby.
- Das Haar wird auch immer dicker und die Knochenstruktur zunehmend fester.
- Viele Kinder suchen sich bereits in dieser Schwangerschaftswoche die Startposition für die bald bevorstehende Geburt.

Das Baby in Woche 32

- Das Baby erreicht eine Größe von 42 cm und ein Gewicht von 1,9 kg.
- Das Baby hat alle fünf Sinne fertig entwickelt. Es erlernt täglich neue Dinge und kann das Köpfchen selbstständig hin und her drehen.
- Auch die Haut bereitet sich mehr und mehr auf ihre wichtigen Funktionen außerhalb des Mutterleibs vor: Sie formt sich in den einzelnen Schichten aus. Die Haut als vielseitiges und größtes Körperorgan schützt und unterstützt gleichzeitig die Wärmeregulierung.

Das Baby in Woche 31

- Update: 1,6 kg bei ca. 40 cm Größe!
- Die Milz – ein kleines Organ im linken Bereich des Oberbauchs, konzentriert sich auf seine wichtigen Aufgaben im Bereich der Immunabwehr sowie der Bluterneuerung.
- Veraltete Blutzellen und Gerinnungs-Endprodukte werden abgebaut.
- Die Augen des Babys bereiten sich Stück für Stück auf das Leben außerhalb des Mama-Bauches vor. Es bildet sich eine Augenfarbe, die lediglich vorläufig ist: Sie kann sich bis zu neun Monate nach der Geburt noch verändern.
- Euer Baby schließt nun die Augen, wenn es schlafen möchte und öffnet die Augen in Wachphasen.
- Gegen Ende dieser Woche bremst sich auch das Längenwachstum ein wenig ein.

Siebte Vorsorgeuntersuchung – 29. – 32. Woche der Schwangerschaft

Im Rahmen dieser dritten Ultraschalluntersuchung werden die Tests aus dem zweiten Ultraschallscan nochmals durchgeführt. Hier steht vor allem die Kontrolle der Herzfunktion sowie des Wachstums des Babys im Vordergrund.

Des Weiteren wird hier auch nochmals der Sitz der Plazenta überprüft, die sich von diesem Zeitpunkt an auch nicht mehr verändert.

Ab jetzt finden die Untersuchungen im 2-Wochen-Rhythmus statt.

Kostenpflichtige Zusatzleistungen

- 3D/4D Ultraschall Scan

Durch diese Zusatzvorsorgeuntersuchung sollen schwere Fehlbildungen oder Auffälligkeiten beim ungeborenen Baby rechtzeitig aufgedeckt werden können.

WHAT'S YOUR NAME?

Die Namensfindung für den Nachwuchs ist ein ganz großer Meilenstein einer jeden Schwangerschaft, denn man hat die Qual der Wahl!

Ein Vorname muss richtig gut durchdacht sein. Schließlich trägt das Kind diesen das gesamte Leben. Gerade weil das so ein wichtiges Thema ist, möchte ich Dir hier einige Tipps und Entscheidungshilfen mit auf den Weg geben.

In der Regel beginnt die Namenssuche, wenn Ihr das Geschlecht des Babys erfahren habt. Wenn es jedoch direkt auf die Geburt zugeht, sollte der Name bestenfalls feststehen. Wer da in Namensbüchern blättert oder gar Freunde und Familie um Tipps bittet, erhält unzählige Optionen, Meinungen und Vorschläge – Verwirrung pur ist vorprogrammiert! Kein Wunder also, dass man sich da schnell überfordert fühlt. Bekanntlich sind die Geschmäcker ja verschieden. Nicht einmal die Partnerin oder die engsten Freunde teilen manchmal die persönliche Präferenz.

Wie ist es bei Euch? Habt Ihr vielleicht einen bestimmten Namenswunsch im Kopf? Wenn Du Dir einen Vornamen wünschst, den Deine Partnerin ablehnt, sollte aus Enttäuschung kein Streit entstehen! Versucht vielmehr in aller Ruhe und mit Geduld einen Kompromiss zu finden. Die Namenswahl stellt tatsächlich nicht wenige Eltern vor eine große Herausforderung.

Eine tolle Hilfestellung sind sogenannte Namensgeneratoren, die sich im Internet finden lassen. Dort könnt Ihr Euch erste Ideen oder Inspirationen holen. Im Namensgenerator wird zunächst der Nachname eingegeben und anschließend die persönlichen Suchkriterien genauer definiert: Welches Geschlecht hat das Baby? Welche Länge soll der Name haben und welcher Anfangsbuchstabe ist erwünscht? Wollt Ihr eher einen langen oder eher einen kürzeren Vornamen? Soll der Vorname mit demselben Buchstaben beginnen wie der Nachname? All diese Kriterien berücksichtigt ein Namensgenerator.

Für die Namensfindung gibt es einige Anregungen und Tipps, die beachtet werden sollten:

- Sowohl Deine Partnerin als künftige Mama als auch Du als werdender Vater solltet eine Liste mit Euren Lieblingsvornamen erstellen. Anschließend werden beide Listen nebeneinandergelegt und verglichen. Schaut dann nach einigen Tagen noch einmal darauf: Vielleicht gefallen Euch schon einige Namen gar nicht mehr.
- Der Vorname des Babys sollte gut verständlich sein.
- Es empfiehlt sich, einen Namen zu wählen, dessen Aussprache und auch Schreibweise nicht zu schwierig sind.
- Der Vorname sollte kein Potenzial für Hänseleien bieten, damit es das Kind später in Kindergarten und Schule nicht unnötig schwer hat.
- Der Vorname sollte sich nicht in negativer Weise mit irgendwelchen historischen Persönlichkeiten oder Ereignissen assoziieren lassen.
- Mit dem Vornamen sollten sich keine negativen Verhaltensweisen oder Charaktereigenschaften in Verbindung bringen lassen.
- Der Vorname Eures Kindes sollte eine schöne Bedeutung haben.
- Informiert Euch über die Herkunft Eures Wunschnamens.
- Welche Nebenformen oder unterschiedliche Schreibweisen gibt es?
- Ihr solltet nicht versuchen, den Vornamen durch selbst

erfundene Schreibweisen origineller oder interessanter erscheinen zu lassen, das stiftet nur unnötig Verwirrung.

- Zu ausgefallene Vornamen sind nicht empfehlenswert und geraten darüber hinaus schnell in Vergessenheit.
- Außergewöhnliche Namen, die zum Beispiel aufgrund von prominenten Eltern gerade hoch im Trend sind, können genauso rasch wieder out sein.
- Längere Vornamen passen gut zu kurzen Familiennamen und kurze Vornamen passen super zu langen Nachnamen.
- Sprecht am besten den Vornamen und auch den Nachnamen laut aus: Klingt es harmonisch und schön?
- Der Vorname und der Nachname sollten sich nicht reimen.
- Welcher Kose- oder Spitzname würde sich aus Eurem Wunsch-Vornamen ergeben?
- Wie wird der Vorname in anderen Ländern ausgesprochen?

Den Babynamen vor der Geburt verraten?

Wenn Ihr einen schönen Vornamen für Euer Baby gefunden habt, liegt es ganz bei Euch, ob Ihr den Namen vor der Geburt verraten oder doch eher für Euch behalten wollt.

Der Name ist, wie bereits erwähnt, Geschmacksache. Wenn Ihr den Namen im Vorfeld Familien und Freunden bekannt gebt, lauft Ihr Gefahr, mit komplett gegenteiligen Meinungen konfrontiert zu werden. In manchen Fällen haben Oma, Opa oder die besten Freunde ganz andere Ansichten.

Wenn das zwischen Euch Diskussions- und Frustpotenzial bietet, solltet Ihr den Vornamen lieber für Euch behalten.

Wenn Ihr den Namen fest in Eueren Herzen geschlossen habt und ihn mit Euren Lieben teilen wollt, dann heißt es im Fall von mangelnder Begeisterung: Standhaft bleiben! Steht offen zu Eurer Entscheidung. Schließlich ist es Euer Baby! Mit der Zeit werden sich die anderen an Euren Wunschnamen gewöhnen und großartige unvergessliche Erinnerungen damit verknüpfen.

„DEN EINEN" richtigen Vornamen gibt es nicht. Versucht hier vor allem auf Euer Bauchgefühl zu hören und mit viel Liebe und Sorgfalt zu entscheiden.

SSW
33–36

MONAT 9: ENDSPURT

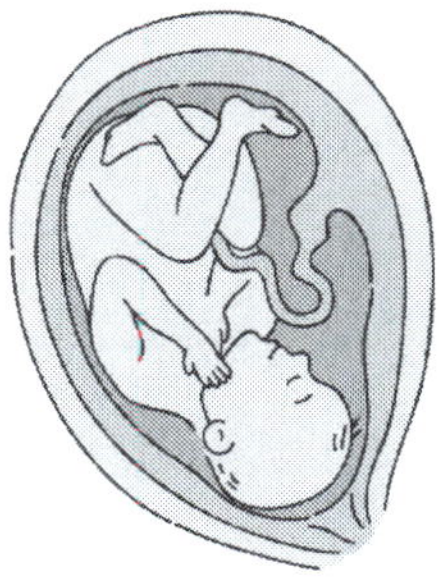

Das ungeborene Baby ist nun vollständig ausgebildet. In diesem Monat lagern sich hauptsächlich Fettreserven in die Unterhaut ein.

- Wenn sich das Baby nun mit dem Köpfchen nach unten dreht, fällt Deiner Partnerin das Atmen wieder leichter.
- Zu diesem Zeitpunkt könnt Ihr schon die Kliniktasche packen.
- Der Mama-Bauch wird immer größer, sodass Deiner Partnerin größere Mahlzeiten immer schwerer fallen. Viel besser sind für sie tagsüber mehrere kleinere Snacks.
- Achte darauf, dass sich Deine Frau viel Ruhe gönnt. Unterstütze sie, wo Du nur kannst, denn Du bist nach wie vor ihre allerwichtigste Stütze.

- Auch Kurzatmigkeit plagt Deine Frau in diesem Schwangerschaftsmonat.
- Die Gebärmutter wächst weiter, hat mittlerweile alle inneren Organe verschoben und drückt zusätzlich ständig auf die Harnblase.
- Einige Frauen fühlen sich rundum wohl, andere wünschen sich nichts sehnlicher, als dass die Geburt endlich einsetzt. Sei einfühlsam und aufmerksam und versuche Deine Frau geduldig und liebevoll durch den Alltag zu begleiten. Gemeinsam schafft Ihr das!

Das Baby in Woche 33

- Ca. 2,2 kg und eine Länge von 43 cm. Das Köpfchen hat einen Durchmesser von etwa 8,5 cm.
- Das kleine Menschlein verfügt mittlerweile über 30 Millionen Riechzellen. Es kann Euch als Eltern an Eurer Stimme und an Eurem Geruch erkennen.

Achte Vorsorgeuntersuchung – ab der 32. Woche der Schwangerschaft

- HBsAG: HBs-Antigen Bestimmung

Mithilfe dieser Untersuchung wird geprüft, ob die werdende Mama den hochansteckenden Hepatitis-B-Virus möglicherweise auf das Baby übertragen könnte. Lässt sich dieses HBs-Antigen im Blut Deiner Partnerin nachweisen, können gezielte Maßnahmen ergriffen werden, um das Baby direkt nach der Geburt zu immunisieren.

Kostenpflichtige Zusatzleistungen

- Doppler-Ultraschall zur genauen Untersuchung der Plazenta

Das Baby in Woche 34

- Die Größe beträgt nun 44 cm und das Gewicht liegt bei ca. 2,2 und 2,3 kg.
- Euer Kind bekommt immer mehr süßen „Babyspeck". Bis zur Geburt macht das ein stolzes Sechstel des gesamten Gewichts aus.
- Das Baby-Immunsystem reift weiter aus.
- Das Kleine schläft viel und sammelt Kraft für die Geburt und die Zeit danach.
- Das ungeborene Kind kann kontinuierlich besser hören und die Geräusche im Gedächtnis abspeichern.

Das Baby in Woche 35

- Das Baby wiegt in der 35. Schwangerschaftswoche ungefähr 2,4 kg und hat eine Größe von 46 cm erreicht.

- Zum Bewegen hat das Baby kaum mehr Platz, denn es stößt überall an die Gebärmutterwände.
- Das Verdauungssystem, die Lungen und auch das Nervensystem des Kindes sind fast vollständig ausgereift.
- Wenn sich das Baby jetzt auf den Weg machen würde, könnte es völlig problemlos überleben.

Das Baby in Woche 36

- Jetzt ist Euer Baby ungefähr 37 cm lang und wiegt bald 3 kg. Der Körper wird minütlich fülliger und der Platz in der Gebärmutter Deiner Partnerin immer weniger.
- Zahlreiche hormonelle Körperorgane wie die Bauchspeicheldrüse, die Hirnanhangsdrüse, die Schilddrüse funktionieren schon sehr gut, doch die finale Entwicklung des hormonellen Systems wird noch weit über den Zeitpunkt der Geburt andauern.

LASS UNS PACKEN! WAS GEHÖRT IN DIE KLINIK-TASCHE?

Auch wenn Du Dich mit Deiner Partnerin für eine andere Form der Geburt als eine Klinikgeburt entschieden hast, solltet Ihr für den Ernstfall gerüstet sein.

Rund drei Wochen vor dem errechneten Geburtstermin sollte die Kliniktasche bereitstehen. In die Tasche gehört:

- Krankenversichertenkarte
- Mutterpass
- Geburtsurkunde Deiner Partnerin sowie Deine eigene
- Bademantel
- T-Shirt zum Schlafen/Nachthemd
- Socken
- Bequeme Hausschuhe
- Kosmetikartikel: Reinigungsprodukte, Haut- und Lippenpflege usw.
- Duschgel und Shampoo
- Bodylotion
- Zahnbürste und Zahnpasta
- Lektüre (Buch/Zeitschriften)
- Musik (MP3-Player oder Smartphone)
- Kaugummi oder Bonbons
- Lieblingstee
- Snacks wie zum Beispiel Müsliriegel, Kekse oder Obst
- Bei Wunsch: Kamera für die ersten Familien- und Babyfotos

In der Kliniktasche sollten ebenfalls die richtigen Dinge für die Wochenbettzeit sowie für den Heimweg erthalten sein:

- 2-3 Nachthemden oder Pyjamas
- Bequeme Unterwäsche
- Still-BHs

- Gemütliche „Home-Wear“ – Leggins und bequemes T-Shirt/Sweatshirt
- Ohrstöpsel (falls es auf dem Stationsflur oder der Zimmernachbarin mal lauter zugehen sollte)
- Erste Bekleidung für das Baby: Strampler, Body, Strumpfhose, Pullover oder Jäckchen, Mützchen, Söckchen
- Babydecke und Babyschale
- Autositz für das Auto

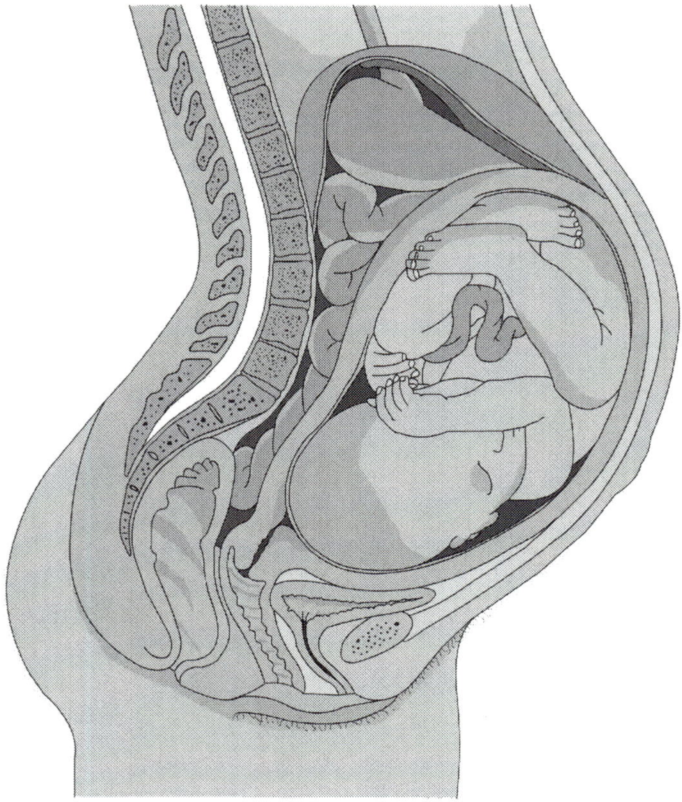

SSW
37–40

KURZ VOR DER GEBURT

Rein rechnerisch dauert eine normale Schwangerschaft 40 Wochen – also fast zehn Monate. Kurz vor der Geburt nimmt das ungeborene Baby nochmals an Körpergewicht zu.

Für die meisten Eltern beginnt jetzt das „lange Warten". Doch habt noch ein wenig Geduld: Bald haltet Ihr Euer Baby endlich in den Armen!

Das Baby in Woche 37

- Jetzt wird es langsam ernst: Die Körpergröße beträgt ca. 48 cm und das Gewicht in etwa 2,9 kg.
- Der Durchmesser des Kopfes liegt nun schon bei 9 cm.

Das Baby in Woche 38

- Das Kind ist jetzt ungefähr 49 cm groß und das Gewicht hat in der Regel 3 kg erreicht.
- Jetzt ist das Kind reif für die Geburt! Alle Körpersyste-

me sind final ausgreift und arbeiten gut miteinander zusammen.
- Das Baby bewegt sich zunehmend weniger aufgrund des Platzmangels. Dafür hat es hin und wieder Schluckauf.
- Auch leichte drehende Bewegungen kann Deine Partnerin vermutlich wahrnehmen.
- Das Knochenmark ist herangereift und die Knochen sind stärker geworden.
- Die Immunabwehr ist komplett ausgereift, jedoch noch recht unerfahren. Daher bekommt das Kind über die Plazenta sämtliche wichtige Antikörper von der werdenden Mama. Dieser „Nestschutz" schützt Euer Kind für die ersten sechs bis neun Monate nach der Geburt.

Neunte Vorsorgeuntersuchung – 36. – 38. Woche der Schwangerschaft

- Vorsorgeuntersuchung
- CTG zur Messung der kindlichen Herztöne sowie der Wehentätigkeit

Kostenpflichtige Zusatzleistungen

- B- Streptokokken Test (GBS-Screening)

Diese Bakterienart kann im Darm und auch in der Vagina der werdenden Mama vorkommen. Um eine Infektion des ungeborenen Kindes zu vermeiden, kann gegen Ende der Schwangerschaft eine mikrobiologische Untersuchung durchgeführt werden. Dieser Test gehört nicht zur gesetzlichen Mutterschaftsvorsorge, wird aber von vielen Experten empfohlen. Sprecht offen mit Eurem behandelnden Arzt, ob diese Untersuchung für Euch sinnvoll ist.

Das Baby in Woche 39

- Die durchschnittliche Größe beträgt bei der Geburt ca. 50-52 cm, das Gewicht liegt bei ungefähr 3,4 kg.
- Deine Partnerin hat nun vermutlich bisher rund 7,5 bis 9,5 kg zugenommen. Abhängig vom Ausgangsgewicht kann es etwas mehr sein. In der Regel nehmen schwangere Frauen zwischen 7 und 18 Kilogramm zu.
- Die Käseschmiere löst sich ganz langsam vom Körper des Babys.
- Der zunehmende Platzmangel führt dazu, dass das Baby die Ärmchen und Beinchen dicht an sich zieht und um den kleinen Körper legt.

Die Aufregung ist nun richtig groß.

Zehnte Vorsorgeuntersuchung – 39. – 40. Woche der Schwangerschaft

Die üblichen Untersuchungen im Rahmen der Schwangerschaftsvorsorge werden weiterhin durchgeführt. Der Fokus liegt besonders auf der Untersuchung der Herztöne sowie auf der Bestimmung der Fruchtwassermenge.

Sollte zehn Tage nach dem errechneten Geburtstermin das Baby noch immer nicht auf der Welt sein, wird in der Regel eine Einleitung der Geburt angeraten.

Das Baby in Woche 40

- Jetzt steht die Geburt unmittelbar bevor, zumindest ist der errechnete Termin erreicht.
- Sollte der Termin überschritten werden, werden die ärztlichen Untersuchungen engmaschiger stattfinden. Mit sogenannten CTG-Kontrollen werden die Herztöne des Kindes überwacht. Auch Ultraschalluntersuchungen werden weiterhin durchgeführt.
- Mit über 70 unterschiedlichen Reflexen ausgestattet, ist der Nachwuchs bereit für den Start ins Leben.
- Die Augen können sich nun auch schon besser auf eine Entfernung von ca. 35 cm fokussieren: Bald könnt Ihr Euch alle in die Augen schauen und persönlich!

DIE GEBURT DES BABYS – VON MANN & FRAU ZU EINER FAMILIE …

Die Geburt Eures Babys ist sozusagen die Geburtsstunde Eurer kleinen Familie.

Noch vor einigen Jahrzehnten waren werdende Väter bei der Geburt ihrer Kinder nicht im Kreißsaal anwesend. Das war nicht vorgesehen und die Männer hatten offenbar nicht das Bedürfnis dabei zu sein.

Heute sieht die Situation vollkommen anders aus: Seit rund 40 Jahren sind ungefähr 90 % aller werdenden Papas sind bei der Geburt dabei, wenn das eigene Kind die Welt erblickt. Das ist eine sehr schöne und erfreuliche Entwicklung, denn mit der Geburt des eigenen Sohnes oder der eigenen Tochter wird gleichzeitig die Vaterrolle geboren. Es ist für Männer ein unvergleichlicher und unvergesslicher Augenblick, wenn das Baby das Licht der Welt erblickt. In dem Moment beginnt eine intensive und lebenslange Beziehung zu einem neuen Menschenskind.

Bei der Geburt geht es in erster Linie gar nicht darum, dass Du als Mann etwas leistest. Du musst nichts Konkretes tun. Wichtig ist, dass Du da bist und Deine Partnerin begleitest. Die Selbstverständlichkeit Deiner Anwesenheit sollte Dich nicht unter Druck setzen. Sprich daher offen mit Deiner Partnerin, um zu erfahren, was sie sich wünscht und erwartet. Ihr könnt zum Beispiel vereinbaren, dass Du jederzeit den Kreißsaal verlassen kannst, wenn es Dir nicht gut geht, Du Dich überfordert fühlst oder Dir alles gerade zu viel wird.

ERLEBT DEN EINZIGARTIGEN AUGENBLICK DER GEBURT GEMEINSAM, EMOTIONAL, SINNLICH & PHYSISCH!

Wenn Du als gut informierter werdender Papa bei der Geburt mit dabei bist, ist das für Deine Partnerin eine unglaublich wertvolle Unterstützung. Du gibst ihr Sicherheit und Geborgenheit und kannst vor allem auch ihre Bedürfnisse gegenüber dem Geburtshilfeteam äußern.

Die wissenschaftliche Forschung hat sich ebenfalls mit diesem Thema beschäftigt und konnte feststellen, dass Väter, die bei der Geburt ihres Babys mit dabei sind, im Allgemeinen auch später mehr Zeit mit dem Kind verbringen. Sie wickeln das Baby öfter und tragen es eng am Körper. Sie schieben häufiger den Kinderwagen und sind allgemein sicherer im Umgang mit dem neugeborenen Baby.

In erster Linie profitiert natürlich das Baby davon, wenn sich der Papa bereits im Vorfeld gut auf die Geburt und den gemeinsamen Start als Familie vorbereitet. Kinder von engagierten und zuverlässigen Papas entwickeln sich besser und gesünder. Sie sind insgesamt glücklicher und ausgeglichener.

Eine gemeinsam erlebte Geburt ist auch für die Paarbeziehung sehr bereichernd. Man hat einen sehr emotionalen Augenblick, sozusagen eine echte Ausnahmesituation, gemeinsam erlebt. Das bringt Euch als Paar noch näher zusammen und ist im Grunde die beste Basis für die oft recht anstrengende Anfangszeit zu dritt.

Viele Männer kämpfen mit widersprüchlichen Emotionen, wenn sie an die bevorstehende Geburt denken: Auf der einen Seite möchten sie unbedingt intensiv und nah mit dabei sein, wenn ihr eigenes Kind das Licht der Welt erblickt. Sie fiebern dem Geburtstermin regelrecht entgegen und können es kaum erwarten, das Kind zu sehen und in den Arm zu nehmen. Auf der anderen Seite dominiert die Angst der gesamten Situation, aber auch der Partnerin, die Schmerzen erleidet, womöglich nicht gerecht zu werden. Sie haben einfach Angst, hilflos und machtlos danebenzustehen und im schlimmsten Fall auch noch mit einer Notfalllage konfrontiert zu werden.

Wie geht es Dir? Was fühlst Du, wenn Du an die bevorstehende Geburt denkst? Prüfe offen und ehrlich Deine eigenen Gedanken sowie Deine Emotionen i Bezug auf die Geburt und äußere sie auch gegenüber Deiner Partnerin. Hol Dir gerne Anregungen von Deinem besten Freund, von Deinem eigenen Papa oder von guten Freunden, die bereits selbst Vater sind.

Persönliche Bedenken und Ängste sind völlig normal!

Geburtsschmerzen, Blut oder laute Schreie. Das sind einfach feste Bestandteile einer Geburt. Immer wieder sagen werdende Papas, dass sie Angst haben, eventuell im Kreißsaal ohnmächtig zu werden. Bitte mach Dir keine Sorgen, solche Bedenken sind ganz normal. Du selbst kennst Dich am besten und musst für Dich bestimmen, wie weit Du gehen kannst und willst. Denke hierbei auch an Deine Partnerin, denn sie braucht einen starken Mann an ihrer Seite, der aber auch die nötige Ruhe und Zuversicht ausstrahlt.

Wenn Du Dich entscheidest, die Geburt mitzuerleben, musst Du Dir darüber im Klaren darüber sein, dass Du Blut und andere Körperflüssigkeiten zu Gesicht bekommst.

Informiere Dich daher eingehend über den Ablauf der Geburt und sprich zum Beispiel mit der Hebamme Deiner Partnerin. Auch im Geburtsvorbereitungskurs kannst Du immer wieder Fragen über den Verlauf einer Entbindung stellen.

Selbst im Kreißsaal kannst Du noch entscheiden, wie viel Du Dir zutrauen willst. Wenn Du kein Blut sehen möchtest, solltest Du am Kopf Deiner Partnerin stehen oder sitzen. Warte dann, bis das Baby von der Nabelschnur getrennt wird. Solltest Du Dich zwischendurch doch einmal unwohl fühlen, heißt das noch lange nicht, dass Du nicht männlich genug bist! Das ist in einer solchen ungewohnten Ausnahmesituation völlig normal!

Nach der Entbindung wird Deine Partnerin im Allgemeinen noch einige Tage aus der Scheide bluten – vor allem in den ersten Stunden nach der Geburt. Gerade bei einer Hausgeburt oder einer ambulanten Geburt könntest Du daher später noch mit Blutungen konfrontiert werden. Es kann sein, dass Deine Partnerin ein wenig Unterstützung beim Wechseln der Vorlage braucht.

Laute Schmerzschreie sind für einige Männer ein sehr großes Problem. Im Geburtsvorbereitungskurs erfährst Du, dass das Schreien und Stöhnen für Deine Partnerin und Dein Baby sehr wichtig sind. Deine Partnerin kann Eurem gemeinsamen Kind durch den Geburtskanal helfen, wenn es ihr gelingt, die Muskeln locker zu lassen, indem sie den Mund öffnet und schreit. Die Unterdrückung von Lauten führt hingegen zu einer muskulären Verkrampfung und das ist in jedem Fall kontraproduktiv!

Du kannst mit Deiner Partnerin mit atmen, denn das unterstützt sie maßgeblich. So kann sie noch leichter loslassen und Du selbst kannst mit der Lautstärke leichter zurechtkommen.

Kläre exakt, wo Deine Grenzen liegen!

Vor der Geburt musst Du Dir selbst im Klaren darüber sein, wo Deine persönlichen Grenzen sind. Sei Dir dessen bewusst, dass Du Deine Partnerin bei der Geburt in einer körperlichen und psychischen Ausnahmelage erleben wirst. Die Geburt eines Babys ist auch für sie eine Extremsituation, in der sie zum Teil unter sehr starken Schmerzen leidet! Das kennt sie selbst nicht und Du hast Deine Partnerin wahrscheinlich noch nie in einem solchen Zustand erlebt. Kläre daher im offenen Gespräch mit ihr, in welcher Rolle sie Dich sieht und welche Funktionen Du Dir selbst während der Geburt zutraust und übernehmen magst.

Wenn die Aufgaben, Möglichkeiten und Grenzen konkret abgesteckt sind, weißt Du genau, wie Du ihr Mut machen und während der Geburt helfen kannst.

Bist Du noch unsicher, ob Du bei der Geburt dabei sein kannst und magst? Weißt Du noch nicht genau, wie Du Deine Partnerin am besten helfen kannst?

Dann kann Dir die folgende Brainstorming-Liste bei Deinen Überlegungen vielleicht weiterhelfen:

- Welche Erwartungen hast Du selbst?
- Was befürchtest Du? Was macht Dir Sorgen oder gar Angst?
- Was willst Du sehen?
- Was würdest Du unter keinen Umständen mitansehen wollen?
- Gibt es die Möglichkeit mit in den Kreißsaal zu gehen, aber zu vereinbaren, dass der Raum auch wieder verlassen werden kann, wenn Deine individuelle Grenze erreicht ist?
- Wie wäre es, eine weitere vertraute Person mit zur Geburt zu nehmen, die Euch beide psychisch entlasten und unterstützen kann?
- Sprich darüber unbedingt mit Deiner Partnerin!

Organisatorisches vor der Geburt – gut vorbereitet in einen neuen Lebensabschnitt starten …

Vor der Geburt gibt es noch einige Dinge, die organisiert und vorbereitet werden müssen.

Während der Schwangerschaft sollten beispielsweise folgende Punkte angegangen werden:

- Falls Du mit der Mutter Deines Babys nicht verheiratet bist, solltest Du Dich rechtzeitig um die Vaterschaftsanerkennung kümmern. Gehe dafür zur örtlich zuständigen Gemeinde und erklärt gemeinsam vor der Geburt das gemeinsame **Sorgerecht** für das Kind.

Bei der elterlichen Fürsorge für das gemeinsame Baby stehen nicht die Berechtigungen von Mutter und Vater im Fokus, sondern vielmehr die Pflichten: Es geht also um das Wohl des Kindes. Was ist von besonderer Bedeutung, damit es dem Kind so gut wie nur möglich geht? Die Eltern verpflichten sich, die Verantwortung dafür zu übernehmen, dass sich das Kind zu einer gemeinschaftsfähigen, selbstständigen und eigenverantwortlichen Persönlichkeit entwickelt – so beschreibt es auch der § 1 SGB VIII.

Bei nicht verheirateten Paaren haben in Deutschland zunächst einmal Mütter mit der Geburt das alleinige Sorgerecht. Wenn Ihr das anders wünscht, dann solltet Ihr vor der Geburt die gemeinsame Sorge erklären! Wenn Du Dir über dieses Thema mit Deiner Partnerin übrigens nicht einig sein solltest, kannst Du das gemeinsame Sorgerecht auch beim örtlich zuständigen Familiengericht beantragen. Gemäß dem § 162a BGF wird angenommen, dass das gemeinsame Sorgerecht von Mutter und Vater dem Kindeswohl am ehesten dient. Will das die Mutter des Kindes beispielsweise nicht, dann muss sie einen Widerspruch einlegen und konkrete Gründe vortragen, die gegen ein gemeinsames Sorgerecht sprechen. Die Richterinnen und Richter werden den Antrag dann prüfen und gemäß der geltenden Rechtsordnung entscheiden.

Überlegt Euch gemeinsam, was Ihr für Euer Kind möchtet, was richtig und was für das kleine Menschlein am zielführendsten ist.

Ein Teil des elterlichen Sorgerechts ist das **Aufenthaltsbestimmungsrecht**. Wenn Mutter und Vater sich das Sorgerecht teilen, können und müssen sie auch zusammen entscheiden, wo das Kind seinen Lebensmittelpunkt haben soll. Ist hingegen nur die Kindesmutter sorgeberechtigt, muss und darf sie diese Entscheidung allein treffen. Auch beim Aufenthaltsbestimmungsrecht steht das Kindeswohl im Mittelpunkt.

Mehr Informationen zu diesem Thema gibt es hier: *www.unterhalt.net/blog/aufenthaltsbestimmungsrecht-rechte-und-pflichten.html*

In Deutschland ist das **Umgangsrecht** zusammen mit dem elterlichen Sorgerecht im BGB geregelt. Begrifflich sind die beiden Dinge aber voneinander zu differenzieren. Konkret besagt das Umgangsrecht Folgendes: Jedes Kind hat ein Recht auf den Umgang mit dem

Elternteil, der das Sorgerecht nicht innehat. Im zweiten Teil des Paragraphs heißt es, dass den Kindseltern – ob mit oder ohne Sorgerecht – das Recht auf den Umgang mit dem Kind zusteht.

Wie der Umgang zwischen den Eltern und dem Kind konkret gestaltet wird, steht den Eltern unter Berücksichtigung der gegebenen Lebenssituationen frei. Sie müssen Faktoren wie das Alter des Kindes, elterliche Arbeitszeiten oder Schulzeiten des Kindes ausreichend berücksichtigen.

Wenn keine Einigung erzielt werden kann, könnt Ihr Euch als Eltern vom zuständigen Jugendamt beraten lassen. Bleibt es weiterhin ungeklärt, kann das Familiengericht involviert werden!

Mehr Informationen zu diesem Thema gibt es hier: *www.familienportal.de/familienportal/lebenslagen/trennung/sorgerecht-umgangsrecht-und-namensrecht/was-regelt-das-umgangsrecht--126084*

- Plane Deine Elternzeit.
  Teile Deinem Chef rechtzeitig die Schwangerschaft Deiner Partnerin mit und informiere ihn über den Wunsch Elternzeit zu nehmen.
  Wenn Du nicht direkt nach der Geburt in Elternzeit gehen möchtest, solltest Du mit Deinem Arbeitgeber über einen flexiblen Urlaubsanspruch sprechen.

- Besprich mit Deiner Partnerin, wo Euer Kind zur Welt kommen soll. Holt so viele Informationen wie möglich ein – bei Infoabenden von Hebammen oder Geburtshäusern, bei Kreißsaal-Führungen oder bei anderen Eltern aus Eurem Freundes- und Bekanntenkreis.

- Sprecht noch einmal mit der Hebamme über ihre Leistungen: Ist sie nur für die Vorsorge und bis zur Geburt für Deine Partnerin da oder übernimmt sie ebenfalls die Nachsorge?

- Behalte Deine Wünsche, Ängste und Sorgen nicht für Dich! Rede mit anderen Menschen aus Deinem Umfeld, die schon Geburten erlebt haben.

- Packe rechtzeitig die Kliniktasche für die Geburt!

- Fahre den Weg im Idealfall von Eurem Zuhause zur Klinik ab, damit Du ihn dann – wenn es wirklich ernst wird – auswendig kennst. Überlege Dir ebenfalls, wer Euch fahren könnte, wenn Du unter Umständen zu nervös sein solltest.

Tipps – so kannst Du Deine Partnerin ideal vor und während der Entbindung unterstützen

- Versuche Deiner Partnerin immer wieder die Gewissheit zu schenken, dass Du bei ihr bist und für all ihre Reaktionen während der Entbindung Verständnis hast.

- Denk bitte daran: Du musst nichts Besonderes leisten. Vielmehr genügt Deine Anwesenheit. Sei einfach für Deine Partnerin da, mache ihr Mut und hab Vertrauen in das Geburtsteam und die Hebamme.
  Lob sie richtig: „Klasse Schatz, das machst Du super! Weiter so!"

- Du kannst Deiner Partnerin den Rücken sanft massieren, ihr leicht die Stirn oder den Nacken kühlen und sie zum Durchhalten ermuntern. Sanfte Berührungen sind einfach das A und O und genau das, was Deine Frau jetzt am meisten braucht!

- In den Wehen-Pausen kannst Du ihr zur Stärkung ein kleines Stückchen Obst reichen! Das wird Deiner Partnerin gewiss sehr guttun. Achte unbedingt auf eine optimale Flüssigkeitsversorgung Deiner Partnerin!

- Was auch immer unter der Geburt passiert, denk dran: Vorwürfe jeglicher Art sind zu jedem Zeitpunkt absolut fehl am Platz! Auch das Herunterspielen der Geburtsschmerzen solltest Du in jedem Fall unterlassen.

- Wenn Du gut auf die Geburt vorbereitet bist, kannst Du Deiner Partnerin dadurch Geborgenheit, Wärme und Sicherheit vermitteln.

- Achte während der Geburt auch hin und wieder auf Dich selbst. Trink einen Schluck Wasser, wenn Dir schwindelig werden sollte oder iss einen kleinen Snack, wenn Du neue Energie brauchst.

- Denk Dir bitte nichts, wenn so manche Aktion von Dir, die eben für Deine Partnerin noch eine Wohltat war, plötzlich zurückgewiesen wird.
  Bleib einfach dran und wage immer wieder einen neuen Versuch, ihr etwas Gutes zu tun!

- Wenn die Harnblase Deiner Partnerin zu voll ist, dann hat Euer Kind Schwierigkeiten, tiefer ins Becken zu rutschen. Erinnere sie daher regelmäßig und liebevoll an den Toilettengang!

- Im Lendenwirbelsäulenbereich werden die Wehen in den meisten Fällen als besonders unangenehm empfunden. Versuche diesen Körperbereich mit wohltuenden Massagen zu entspannen.

Du bist bei der Geburt Coach, Begleiter und Vermittler in einer Person. Die liebevolle Begleitung ist für Deine Partnerin das Wichtigste! Das schätzen die meisten werdenden

Mütter. Viele Frauen sagen nach einer Geburt, dass der Partner an ihrer Seite für sie die wichtigste Unterstützung war – sogar noch wichtiger als die Hebamme! Das zeigt Dir, wie wichtig Deine Anwesenheit in dieser Situation ist Du gibst ihr emotional die Kraft, die sie so dringend für die Geburt braucht!

Du sollst und darfst Deine Partnerin während der Geburt loben, ermuntern und anfeuern! Sprich ihr neuen Mut zu und mach ihr klar, dass ihr mit jeder Geburtswehe Eurem Kind näherkommt!
Sei ihr Coach!

Nimm aber auch die Rolle des Vermittlers ein und spricht mit der Hebamme und dem Arzt. Deine Partnerin ist in erster Linie mit den Geburtswehen und dem Pressen beschäftigt. Du kennst sie aber am besten und weißt, was ihr in der ein oder anderen Situation am meisten helfen könnte. Gib ihre Wünsche dem Geburtsteam weiter und sei auch für sie sozusagen der „Übersetzer". Erkläre ihr die Anweisungen oder Vorschläge des Kreißsaal-Teams und sorge somit für einen reibungslosen Geburtsverlauf.

Wann geht es eigentlich los?

Wenn die Wehen bei Deiner Partnerin immer häufiger und regelmäßiger auftreten, dann ist die Geburt Eures Babys nicht mehr allzu weit! Ein klarer Hinweis für die einsetzenden Wehen sind oftmals plötzlich auftretende Rückenschmerzen oder ein intensiv ziehendes Gefühl im Unterleib beziehungsweise im Rücken!

Die Fruchtblase kann auch ohne Wehentätigkeit platzen! Das Fruchtwasser kann entweder in einem großen Schwall oder leicht tröpfelnd abfließen. In dem Augenblick solltest Du am besten schon die Hebamme oder die Klinik telefonisch kontaktieren und Dir weitere Anweisungen geben lassen.

Wenn sich der Schleimpfropf, der am Mund des Gebärmutterhalses sitzt, löst, geht es los! Das merkt Ihr, wenn größere blutige Schleimmengen auf dem Boden oder im Slip Deiner Partnerin auftauchen. Sobald die Wehen alle fünf bis acht Minuten kommen, solltet Ihr sofort in die Klinik oder ins Geburtshaus fahren!

Das Baby kommt! Die Geburt ist jetzt nicht mehr aufzuhalten!

BALD IST ES SO WEIT! – DIE 5 PHASEN DER GEBURT!

1. Die Eröffnungsphase

Das ist die erste Phase der Geburt, in der sich der Gebärmuttermund rund zehn Zentimeter weitet. Das passiert, damit der Kopf des Babys ausreichend Platz hat hindurchzukommen!

Diese Phase der Geburt kann zwischen einer und zehn Stunden dauern. In einigen Fällen sogar länger! Die Eröffnungsphase wird bereits von Wehen begleitet, die mit der Zeit immer stärker werden!

Hilf Deiner Partnerin in dieser Phase so gut Du kannst, indem Du mit ihr die Wehen atmest.

2. Die Übergangsphase

Diese Geburtsphase dauert in der Regel nur wenige Minuten. Der Gebärmuttermund ist noch nicht komplett geöffnet, doch Deine Partnerin kann bereits einen Pressdrang spüren. In dieser Phase ist es aber wichtig, dass sie diesen noch so lange zurückhält, bis sich der Muttermund komplett geöffnet hat.

Wie sie in dieser Phase richtig atmet, habt Ihr im Geburtsvorbereitungskurs gelernt! Erinnert Euch nochmals gemeinsam an die Basics!

In dieser Phase haben viele Frauen ein Gefühl der Verzweiflung und der Resignation: Sie fühlen sich, als ob die Geburt ihre Kräfte übersteigt. Versuche Deine Frau in dieser Phase besonders zu beruhigen und ihr immer wieder Mut zuzusprechen!

3. Austrittsphase/Pressphase

Wenn der Muttermund weit genug geöffnet ist, kann das Baby mithilfe der Geburtswehen durch den Geburtskanal hindurchgeschoben werden. Der Pressdrang wird nun bei Deiner Partnerin immer größer werden. Endlich kann und soll Deine Partnerin den Presswehen nachgeben und aktiv mitpressen. Richtig atmen, laut stöhnen – das verstärkt jetzt die erforderlichen Kräfte, um das Baby zur Welt zu bringen. Schreien und Stöhnen ist kein Zeichen der Schwäche, sondern vielmehr ein Ausdruck einer ungemein starken Energie! Feuere sie ruhig an und hilf ihr als Coach durch diese Pressphase hindurch!

4. Die Ankunft Eures Kindes!

Wenn Euer Baby da ist, sollte es Deiner Partnerin auf den nackten Oberkörper gelegt werden. Berühre und streichele auch Du nun das Kind. Genießt Eure ersten Minuten zu dritt! Herzlichen Glückwunsch, Ihr seid nun eine Familie! Gut gemacht!

Versucht Euch einige Minuten für Euch zu nehmen und möglichst ungestört zu sein. Das ist für einen gelungenen Familienstart einfach wichtig!

5. Die Nachgeburt

Das ist die letzte Phase der Geburt!

Auch wenn Ihr nun Euer Baby im Arm haltet, ist die Geburt noch nicht vollständig beendet. Der Mutterkuchen (Plazenta), die Nabelschnur und die Eihäute müssen ebenfalls „geboren" werden.

Im Allgemeinen passiert das rund 10-20 Minuten nach der Geburt des Babys. Um die Plazenta leichter abzustoßen, kann das Stillen helfen. Durch die Saugbewegungen Eures Babys bildet der Körper Deiner Partnerin das Hormon Oxytocin: Dieses sorgt für Kontraktionen der Gebärmutter und somit für Nachwehen, die die Plazenta ablösen! Oft hilft es, wenn die Hebamme von außen sanft auf den Unterbauch drückt. Wenn die Plazenta draußen ist, muss sie von der Hebamme auf Vollständigkeit begutachtet werden.

KAISERSCHNITT ... UND NUN?

Ungefähr ein Drittel aller Babys kommen hierzulande mithilfe eines Kaiserschnitts auf die Welt! In den letzten Jahren ist die Anzahl der Kaiserschnittgeburten sogar weiter angestiegen. In Notfallsituationen kann diese Alternative das Leben von Mutter und Kind retten. Ohne einen triftigen medizinischen Grund sollte der Kaiserschnitt jedoch nicht durchgeführt werden, denn die Risiken sind für Mama und Baby im Allgemeinen höher als bei einer natürlichen Geburt.

Wichtig ist in diesem Zusammenhang zu wissen, dass es einen primären sowie einen sekundären Kaiserschnitt gibt.

- Der primäre Kaiserschnitt wird in der medizinischen Fachsprache auch als elektive Sectio bezeichnet.

  Dieser kann zum Beispiel durchgeführt werden, wenn die Kindslage eine normale vaginale Geburt erschwert, also wenn das Baby zum Beispiel schräg oder quer liegt. Ebenfalls ratsam ist ein solcher Kaiserschnitt, wenn das Becken der werdenden Mutter zu schmal ist.

Der primäre Kaiserschnitt wird des Weiteren durchgeführt, wenn Deine Partnerin zuvor bereits einen oder mehrere Kaiserschnitte hatte. Wenn Ihr Drillinge oder mehr Babys erwartet, wird in jedem Fall auf diese Entbindungsmethode zurückgegriffen. Auch bei einer sogenannten „Placenta praevia" wird ein primärer Kaiserschnitt gemacht: In diesem Fall liegt die Plazenta – also der Mutterkuchen – vor dem Muttermund.

Natürlich kann sich die werdende Mama selbst einen Kaiserschnitt wünschen. In einem solchen Fall spricht man von einem Wunschkaiserschnitt, der im Übrigen den häufigsten nicht medizinischen Grund für einen solchen Eingriff darstellt. Meist steht hinter einem Wunschkaiserschnitt eine große, nicht näher definierbare Angst vor einer natürlichen Geburt.

Oft haben Frauen große Angst, dass die Geburt das Becken zu stark belasten oder die Vagina zu sehr beschädigen/weiten könnte. Rein medizinisch gesehen rechtfertigen solche Ängste keinen Kaiserschnitt, doch das Klinikpersonal will sich dem Wunsch der Eltern in der Regel nicht widersetzen.

Die schwangere Frau soll selbst verantworten und entscheiden dürfen, wie sie behandelt werden möchte. Oft fürchten Krankenhäuser dann auch, dass sie rechtlich oder finanziell belangt werden könnten, wenn sie sich einem Kaiserschnitt verweigern und es anschließend bei der natürlichen Geburt zu Komplikationen kommt.

Bitte bedenkt in jedem Fall, dass es sich beim Kaiserschnitt um eine Operation handelt, die alle bekannten Risiken birgt. Beim Kaiserschnitt kommt es zu einer Durchtrennung von insgesamt sieben Haut-, Muskel-, Fett- und Gewebeschichten, die zum Schluss wieder zusammengenäht werden müssen.

Die Schnitte sind heute im Vergleich zu früher wesentlich kleiner, doch eine Öffnung von rund 10 bis 12 Zentimeter muss in jedem Fall erzielt werden, damit das Baby herausgenommen werden kann.

Darüber hinaus gibt es bei einem Kaiserschnitt im Allgemeinen ein deutlich höheres Risiko für Komplikationen als bei einer natürlichen Entbindung.

Bei einem planmäßigen Kaiserschnitt erlebt Deine Partnerin keine Geburtswehen! Die Wehen sind jedoch wichtig für die Funktion, den Kreislauf, den Stoffwechsel und die Atmung Eures Babys. Des Weiteren fördern Wehen die Ausschüttung der Hormone Oxytocin und Prolaktin: Diese körpereigenen Glückshormone (Endorphine) sind von großer Bedeutung für die spätere Bindung zum Baby. Das Scheidensekret soll Experten zufolge zudem die Immunabwehr Eures Kindes stärken.

All diese Dinge solltet Ihr in jedem Fall mitbedenken, wenn es um die Frage „Wunschkaiserschnitt – ja oder nein?“ geht.

- Die zweite Form ist der sekundäre Kaiserschnitt.

  Dieser Kaiserschnitt ist im Vorfeld nicht geplant, sondern eine medizinische (Notfall-) Notwendigkeit.

  Die sekundäre Sectio wird im Allgemeinen erst dann durchgeführt, wenn eine natürlich angefangene Geburt aufgrund unvorhergesehener Komplikationen gestört wird. Vor dem Einsetzen der Wehen kann es auch zu Situationen kommen, die ein schnelles „auf die Welt holen“ erforderlich machen: Auch in diesen Fällen wird der sekundäre Kaiserschnitt durchgeführt.

Medizinisch gibt es zwei Hauptgründe, die einen solchen Eingriff erfordern:

a. Geburtsstillstand

In einem solchen Fall halten die Wehen über eine längere Zeitspanne an oder hören sogar komplett auf. Die werdende Mama ist völlig erschöpft und das Baby kommt durch den Geburtskanal nicht weiter. Wenn das Kind jedoch noch so hoch liegt, dass eine Geburtszange oder eine sogenannte Saugglocke nicht eingesetzt werden kann, wird der Kaiserschnitte durchgeführt.

b. Herzschlagveränderungen beim Baby

Wenn die CTG-Aufzeichnungen eindeutig klarmachen, dass das Baby nicht genug Sauerstoff bekommt, ist der Notkaiserschnitt zwingend erforderlich!

Der Eingriff ist in einem solchen Fall das einzige Mittel, um das Baby vor permanenten Schäden zu bewahren oder sogar, um sein Leben zu retten!

Was Du bei einem Kaiserschnitt tun kannst

Wie bei der natürlichen Geburt ist es auch in dieser Situation sehr wichtig, dass Du zur Unterstützung dabei bist!

Deine Partnerin kann eine lokale Betäubung erhalten – in Form einer sogenannten Periduralanästhesie (kurz PDA) oder eine Vollnarkose. Bei der PDA wird die das Rückenmark umgebende Flüssigkeit betäubt.

Sei an der Seite Deiner Partnerin, denn das gibt ihr die nötige Kraft. Darüber hinaus bist Du in einer solchen Situation bereit, wenn das Baby geboren wird und Ihr könnt trotz aller Umstände den Start ins Leben gemeinsam erleben!

In der Regel haben Ärzte keine Bedenken gegen die Anwesenheit des werdenden Papas bei einer Kaiserschnittgeburt. Das gilt übrigens auch dann, wenn der Kaiserschnitt ungeplant durchgeführt wird oder wenn eine Vollnarkose nötig ist. Im letzteren Fall ist die Anwesenheit des Vaters fast noch wichtiger, vor allem für Deine Partnerin. Denn Du bist da, um das gemeinsame Baby zu empfangen!

Solltest Du bei einer Vollnarkose aufgefordert werden, den OP-Raum zu verlassen, solltest Du unbedingt nachfragen, warum das erforderlich ist. Kläre im Idealfall im Vorfeld ab, was passiert, wenn es zu Komplikationen kommen sollte und ob Du auch bei einer Vollnarkose anwesend sein darfst.

Info:
Hab bei einem Kaiserschnitt keine Angst! Du musst nicht mitansehen, wie der Bauch Deiner Partnerin operativ geöffnet wird! Ungefähr ab Brusthöhe wird der OP-Bereich mit einem großen Tuch abgehängt. Ihr könnt also beide nicht sehen, wie er Arzt genau vorgeht.

Bedenke in diesem Zusammenhang, dass es vielen Frauen nach einem Kaiserschnitt unter Vollnarkose psychisch schlecht geht, denn sie haben das Gefühl, die Geburt des eigenen Babys verpasst zu haben. Dieses einmalige und so wichtige Erlebnis fehlt in ihrem Gedächtnis. Viele Frauen fühlen sich infolgedessen als Versagerinnen, was absolut nicht zutrifft. Hier ist es besonders wichtig, dass Deine Partnerin dieses Erlebnis gedanklich nachholen kann: Erzähle ihr also von der Geburt und lass kein Detail aus, so klein und unscheinbar es Dir erscheinen mag!

Notfallsituationen im Kreißsaal – Kommunikation ist das A und O!

Manchmal verläuft eine natürliche Geburt einfach nicht so, wie man es sich vorgestellt oder gewünscht hat und es kommt zu unerwarteten Komplikationen. Das kann unterschiedliche Gründe und Ursachen haben, so zum Beispiel:

- wenn das Baby viel zu früh kommt
- wenn die Geburt zu lange dauert und die Geburtsschmerzen zu stark sind
- wenn das Baby mit einer Saugglocke oder einer Geburtszange geholt werden muss
- wenn Maßnahmen wie ein Dammschnitt erforderlich sind
- wenn das Leben des noch ungeborenen Kindes bedroht ist, weil zum Beispiel Sauerstoffmangel droht
- wenn ein Notkaiserschnitt erforderlich wird

An dieser Stelle bist Du der wertvolle Vermittler zwischen Deiner Partnerin und dem Geburtshilfeteam.

Wenn der Kommunikationsstrang nämlich reißt, entstehen Gefühle der Hilflosigkeit, der Angst und der Ohnmacht! Plötzlich taucht ein zweiter Arzt im Kreißsaal auf, es geht hektisch zu und es fallen nur noch medizinische Ausdrücke! In solchen Situationen haben werdende Eltern oft das Gefühl, dass das Leben des Kindes bedroht ist.

Wenn Du oder Deine Partnerin das Gefühl habt, dass Ihr überhaupt nicht mehr nachvollziehen könnt, was um Euch herum passiert, dann ist Kommunikation das einzig hilfreiche Mittel. Stelle unbedingt den Informationsfluss wieder her! Frage die Hebamme, die Krankenschwestern im Kreißsaal und den Arzt: Was passiert jetzt? Was bedeutet das? Was wird jetzt getan? Was hat welche Maßnahme für Folgen? Jede Frage ist wichtig! Jede Frage hat ihre Berechtigung!

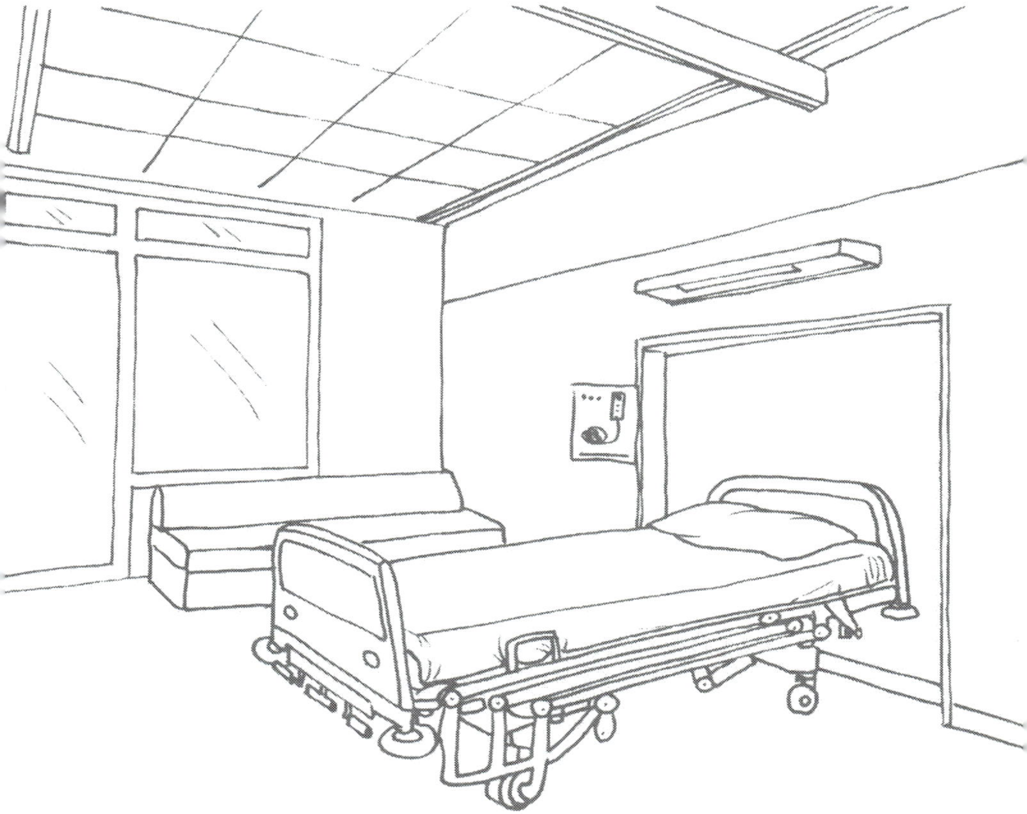

DAS BABY IST DA!
DIE ERSTE ZEIT ALS FAMILIE

Wie genau die ersten Minuten mit Eurem Baby ablaufen, ist ganz individuell. Welche Gefühle und Emotionen Ihr erleben werdet, das kann Euch im Voraus niemand sagen. Ein gesundes Baby zur Welt zur bringen ist natürlich ein überwältigendes Geschenk und deswegen wirst Du als Papa vermutlich sehr emotional reagieren. Es ist etwas einzigartiges, so ein winziges Wesen im Arm zu halten und zu wissen, dass es sich dabei um Dein Kind handelt. Diesen Augenblick wirst Du in Deinem gesamten Leben nicht vergessen.

DIE ERSTEN KUSCHELEINHEITEN FÜR EINE STARKE BINDUNG

Wenn es um die erste Bindung und das erste Kuscheln geht, wird oft der Begriff „Bonding" verwendet. Hierbei geht es darum, dass eine intensive Nähe zwischen dem Baby und den Eltern geschaffen wird. „Bonding" bedeutet so viel wie verbinden, zusammenkleben. Genau darum geht es in der ersten Zeit mit Eurem Baby.

Wenn keine medizinischen Gründe dagegensprechen, wird das Neugeborene direkt nach der Entbindung auf die Brust der frischgebackenen Mutter gelegt. Dieser erste Körperkontakt sorgt dafür, dass das kleine Wesen sofort Nähe, Geborgenheit, Vertrauen und Wärme spürt. Eure beiden Stimmen sind dem Baby bereits aus dem Bauch vertraut. Die Bindung baut sich durch den intensiven Körperkontakt zwischen den Eltern und dem Baby immer stärker auf. Du als frischgebackener Vater solltest Dir ausreichend Zeit dafür nehmen. Diese Zeit ist erforderlich, damit Du intensiv mit Deinem Baby kuscheln kannst und es ganz klar Deine Nähe, Wärme, Geborgenheit, Sicherheit und das Ur-Vertrauen spüren kann.

Das Hormon, das beim Kuscheln oder auch Geschlechtsverkehr ausgeschüttet wird, heißt Oxytozin. Selbst während der Geburtsphase sorgt das Hormon dafür, dass Muskelkontraktionen ausgelöst werden und die Geburt voranschreitet. Oxytozin ist darüber hinaus wichtig für die Milchbildung bei der frischgebackenen Mama.

Gerade die vermehrte Oxytozin-Ausschüttung bei Eurem neugeborenen Baby und den Eltern sorgt dafür, dass am Anfang der Körperkontakt besonders viel Bindung herstellen kann.

Falls direkt nach der Geburt nicht die Möglichkeit für intensives Kuscheln mit Eurem Baby besteht, kann das zu einem späteren Zeitpunkt nachgeholt werden. Wichtig ist, dass Ihr immer wieder die Nähe zu Eurem Baby sucht, um die gegenseitige Bindung herzustellen. Es gibt keine speziellen Vorgaben, hört einfach auf Euer Herz.

Tipps & Tricks für eine gelungene Vater-Kind-Bindung

Du als Vater kannst genauso eine gute Bindung zu Deinem Kind aufbauen wie die Mutter. Du spürst, ob eine Bindung entsteht, wenn das Kind Deine Nähe sucht und sich in dieser gut beruhigen lässt.

Die erste Zeit mit dem Baby ist von besonders großer Bedeutung, damit das Kind Dir vertraut und Dich als seinen „Fels in der Brandung“ wahrnimmt.

Damit die Vater-Kind-Bindung von Anfang an gelingt, solltest Du die nachfolgenden Tipps beherzigen:

- Suche immer wieder die Nähe Deines Babys. Auch ein starker Mann darf ruhig die Gefühle und Emotionen zulassen. Nimm Dir immer wieder Zeit, um mit Deinem Kind zu kuscheln und verstecke Deine Gefühle dabei nicht.

- Achte stets auf die Bedürfnisse und Signale Deines Babys.

- Schafft Euch persönliche Papa-Kind-Rituale. Selbst wenn Du beruflich sehr eingespannt bist, solltest Du Dir die Zeit für Tagesrituale nehmen. Diese können ganz unterschiedlich sein, je nachdem was Euch guttut. Du kannst zum Beispiel Dein Baby immer abends ins Bett bringen und ihm eine Gute-Nacht-Geschichte vorlesen.

- Damit Du eine enge Bindung zu Deinem Kind aufbaust, solltest Du auch alltägliche Situationen mit ihm meistern. Geh zum Beispiel mit Deinem Kind einkaufen, bade es regelmäßig oder unternehmt etwas gemeinsam miteinander. Auch alltägliche Aufgaben wie das Füttern oder Windeln wechseln stärken Eure Vater-Kind-Beziehung.

Du wirst sehen, je intensiver Du eine Beziehung zu Deinem Kind aufbaust, desto leichter fällt es Dir, seine Bedürfnisse und Signale wahrzunehmen. Das Ziel besteht ganz klar darin, dass Du für Dein Kind ein sicherer Hafen bist und es immer mit all seinen Sorgen, Freuden und Ängsten zu Dir kommen kann.

DIE ERSTE ZEIT ALS FRISCHGEBACKENE FAMILIE

Die Geburt eines Babys verändert nicht nur den kompletten Alltag, sondern darüber hinaus die Beziehung zwischen Euch als Eltern. Besonders die erste Zeit zu Hause ist von vielen gewaltigen Veränderungen und Ereignissen geprägt. Ab jetzt beginnt Euer Familienalltag mit allem was dazugehört.

Gerade die erste Zeit solltest Du als frischgebackener Papa besonders genießen. Die Zeit vergeht so schnell und Du wirst sehen, wie Dein Kind immer weiter dazulernt und sich weiterentwickelt. Genieße daher jede Sekunde in vollen Zügen.

Die nachfolgenden Tipps sollen während der ersten Zeit helfen, eine gute Bindung zu Deinem Kind aufzubauen und Deine Partnerin zu entlasten:

- **Versuche so gut es geht, Deine Partnerin zu unterstützen:** Mache Dir beispielsweise Gedanken darüber, ob Ihr vielleicht eine Haushaltshilfe engagieren könnt, die Euch Arbeit abnimmt. Ansonsten kannst Du auch versuchen, im Haushalt zu helfen, damit Deine Partnerin entlastet wird.

- **Plane feste Kuschelzeiten ein:** Besonders die ersten Wochen mit Deinem Baby sind für Euch beide sehr intensiv. Versuche so gut es geht, Dir immer wieder Zeiten zu schaffen, in denen Du mit Deinem Kind kuschelst. Du kannst es auf Deinen Oberkörper legen oder tragen. Egal für welche Variante Du Dich entscheidest, wichtig ist, dass Du diese Einheiten immer wieder integrierst, um ausreichend Bindung und Nähe aufzubauen.

- **Wickeln & baden sind auch Papa-Aufgaben:** Übernimm ruhig Aufgaben wie das Wickeln und Baden des Babys. Dadurch stärkst Du zusätzlich Eure Bindung und Du kannst so Deiner Partnerin den Rücken freihalten.

- **Zeit als Paar:** Natürlich ist die Geburt eines Kindes immer etwas ganz Besonderes und verändert die Beziehung zwischen Euch als Paar. Versucht trotzdem, Euch regelmäßig kleine Auszeiten zu nehmen, in dem das Baby bei Verwandten ist und Ihr Euch als Paar Zeit für Euch nehmt.

- **Stärke Deiner Partnerin den Rücken:** Gerade für den Körper der Frau ist eine Geburt eine gewaltige Herausforderung. Du kannst für Deine Partnerin nach der Geburt eine große Unterstützung sein und ihr zum Beispiel auf die Toilette helfen oder die Bettwäsche waschen.

  Versuche daher Deine Partnerin so gut es geht zu entlasten und achte darauf, dass sie regelmäßig Zeit für sich hat. Du kannst Dich währenddessen um das Baby kümmern, oder Verwandte dürfen babysitten. Deine Partnerin kann sich so selbst etwas Gutes tun und wird das positiv auf das Baby übertragen.

- **Eine Hebamme kann eine hilfreiche Unterstützung sein:** Besonders dann, wenn es Euer erstes Baby ist, solltet Ihr Euch unbedingt vorab eine Hebamme suchen, die Euch nach der Geburt zur Verfügung steht. Gerade in den ersten Tagen und Monaten kommen häufig Fragen auf, die Ihr dann mit Eurer Hebamme besprechen könnt. Sie kann Euch wichtige Tipps mit auf den Weg geben und für Euch ein kompetenter Ansprechpartner sein, bis es immer besser von alleine läuft. Sucht Euch unbedingt jemanden, dem Ihr vertraut und zu dem Ihr ein gutes zwischenmenschliches Verhältnis habt.

- **Genießt die erste Zeit besonders intensiv:** Falls es möglich ist, solltest Du Dir die erste Zeit unbedingt Urlaub nehmen. So könnt Ihr Euer Familienleben erst einmal genießen und Eure neuen Aufgaben können sich einpendeln.

- **Tu das, was Dir guttut:** Natürlich möchten nach der Geburt eines Babys am liebsten sofort am ersten Tag sämtliche Verwandten und Freunde kommen, um das Baby zu bewundern. Die erste Zeit gehört jedoch unbedingt Euch als Familie und diese dürft und solltet Ihr Euch nicht nehmen lassen. Es ist absolut in Ordnung, wenn Ihr die erste Zeit keinen Besuch empfangen möchtet. Hört auf Euch und plant den Besuch so ein, wie es in Euren Tagesplan passt.

Folgende Situationen kommen, in der ersten Zeit als frischgebackener Papa auf Dich zu:

- Du wirst Nächte erleben, in denen Du wenig schläfst, weil Dich das Baby wachhält.
- Gerade am Anfang kann es passieren, dass Du weniger Zeit für bisherige Hobbys oder Deine Freunde haben wirst.
- Das kleine Wesen braucht sehr viel Aufmerksamkeit.
- Im Leben als kleine Familie kommt es oft zu Situationen, in denen Du spontan umplanen musst. Es kann zum Beispiel sein, dass Ihr zu einem Treffen fahren wollt und Euer Kind am Morgen mit Fieber erwacht.
- Es wird Situationen geben, in denen Du Dich überfordert oder verzweifelt fühlen wirst.

WAS GENAU IST DER BABYBLUES?

Viele Mütter leiden ein paar Tage nach der Geburt unter einem Babyblues. Dieses Stimmungstief entsteht aufgrund der weiblichen Hormone, die nach der Geburt schon einmal verrücktspielen können. Falls Deine Partnerin unter einem Babyblues leidet, dann ist das kein Grund zur Sorge. Das Wichtigste ist in dieser Situation, dass Du für sie da bist. Zeige ihr, dass Du sie ernst nimmst und dass sie sich wegen ihrer Gefühle nicht schlecht fühlen muss. Nimm sie ruhig in den Arm und höre ihr aufmerksam zu.

Natürlich ist es für Dich als Vater schwierig, diese Emotionen zu verstehen, Du kannst Deine Partnerin jedoch unterstützen. Du bist in dieser Zeit ihre wichtigste Bezugsperson und kannst sie spüren lassen, dass sie nicht allein ist. Sei einfach für sie da und sprecht miteinander über Ängste, Sorgen und Eure Freude. So schnell der Babyblues auftaucht, so schnell kann er wieder verschwinden. Bleib also ganz ruhig. Falls Du Dir Sorgen machst, sprich mit einer Hebamme oder einem Arzt über Deine Ängste.

Worin unterscheidet sich der Babyblues von der Wochenbettdepression?

Beim Babyblues musst Du Dir absolut keine Sorgen machen, meistens verschwindet er innerhalb weniger Tage von allein. Eine Wochenbettdepression hingegen ist eine nach der Geburt auftretende Erkrankung, die unbedingt behandelt werden muss.

Hierbei empfinden die frischgebackenen Mütter Symptome wie:

- Antriebslosigkeit & Erschöpfung
- Traurigkeit
- Appetitlosigkeit
- Schlafstörungen
- Ängstlichkeit, dass dem Baby etwas passiert oder es verletzt wird.

- Minderwertigkeitskomplexe
- Probleme, sich zu konzentrieren

Falls Du solche Anzeichen bei Deiner Partnerin über einen Zeitraum von 14 Tagen feststellst, solltest Du dringend das Gespräch mit ihr suchen. Du kannst hierzu auch einen Arzt oder eine Ärztin zurate ziehen, um auch ganz sicher zu sein, ob es sich um eine Wochenbettdepression handelt.

Wichtig ist auf jeden Fall, dass diese Depression behandelt wird. Je nach Schweregrad kann die Therapie mithilfe von Medikamenten oder einer Psychotherapie erfolgen. Als begleitende Maßnahme solltest Du Deine Partnerin bei der Baby-Betreuung unterstützen. Gerade in dieser Phase der Erkrankung kann es für sie fast unmöglich sein, sich komplett um das Baby zu kümmern. Nehmt hierfür Hilfe aus der Verwandtschaft, dem Freundeskreis oder speziellen Einrichtungen in Anspruch.

Eine weitere Erkrankung ist die Wochenbettpsychose. Hierbei sind die Symptome ähnlich wie bei der Wochenbettdepression, nur dass Wahnvorstellungen und Halluzinationen hinzukommen können. Durch solche Wahnsymptome kann das Kindeswohl akut gefährdet sein. Falls Du solche Anzeichen an Deiner Partnerin beobachtest, solltet Ihr unbedingt ärztliche Hilfe in Anspruch nehmen. Die Fachleute können Euch helfen, eine geeignete Therapie zu finden, um so Deiner Partnerin zu helfen.

WAS TUN, WENN DAS BABY STÄNDIG SCHREIT?

Vielleicht hast Du schon einmal von dem Begriff „Schreibaby" gehört. Hierbei schreit das Baby mehr als drei Stunden pro Tag an mehr als drei Tagen in der Woche und das über mehr als drei Wochen hinweg. In diesen Fällen wird von einem „Schreibaby" gesprochen.

Natürlich ist es vollkommen normal, dass ein Baby schreit, immerhin ist das die einzige Möglichkeit, um die Aufmerksamkeit zu erwecken. Babys können ihre Bedürfnisse noch nicht anders kanalisieren, als sich durch das Schreien bemerkbar zu machen. Schreit Dein Baby jedoch zu oft und zu lange, dann kann das für die Familie zu einer großen Belastungsprobe werden.

Natürlich können hinter dem Schreien auch organische Ursachen stecken, die unbedingt abgeklärt werden sollten. Anders gibt es aber auch die Möglichkeit, dass Euer Baby besonders sensibel auf äußere Reize und Veränderungen reagiert und diese durch Schreien zum Ausdruck bringt. Nicht nur für die frischgebackenen Eltern ist die erste Zeit von vielen neuen Eindrücken und Veränderungen geprägt, sondern auch für das Baby. Die erste Zeit muss es sich erst einmal an die neue Umgebung, die Geräusche, das helle Licht und die andere Form der Nahrungsaufnahme gewöhnen. Manche Babys reagieren hierauf sehr empfindsam und machen sich durch Schreien bemerkbar.

Genauso wie für Euch die Situation Stress bedeutet, ist es auch für Euer Baby. Sobald Ihr gestresst und unausgeglichen seid, spürt Euer Baby diese Anspannung und reagiert daraufhin mit schreien. Hinterfragt also auch Euer eigenes Verhalten und achtet darauf, wie Ihr Euch fühlt, um herauszufinden, ob Euer Baby einfach auf die spürbaren Emotionen reagiert.

Die nachfolgenden Tipps können Euch und Eurem Schreibaby helfen:

- Versucht den Tagesablauf so gut es geht zu strukturieren. Euer Baby braucht gezielte Schlafens- und Wachzeiten, um sich ausreichend erholen zu können. Versucht einen festen Rhythmus zu etablieren, um für Euch alle eine gute Struktur zu entwickeln.

- Während des Tages könnt Ihr mit Eurem Baby kuscheln oder spielen.

- Versucht auf die Bedürfnisse Eures Babys einzugehen. Falls Ihr merkt, dass sich das Kind etwas schwertut und besonders empfindsam gegenüber Veränderungen reagiert, versucht diese so gut es geht zu vermeiden. Greift auf bewährte Schlafrituale zurück und achtet stets darauf, wie Euer Kind reagiert.

- Gönnt Euch ruhig eine kleine Auszeit vom Alltag. Falls Ihr spürt, dass Ihr eine Pause braucht, dann versucht

Euch die unbedingt zu nehmen. Das könnt Ihr entweder gemeinsam tun und jemand passt auf Euer Baby auf, oder Ihr entlastet Euch zeitweise gegenseitig.

PLÖTZLICHER KINDSTOD – WAS STECKT DAHINTER?

Ein „plötzlicher Kindstod" liegt vor, wenn ein auf den ersten Blick gesundes Kind innerhalb von 12 Monaten nach der Geburt ganz plötzlich verstirbt. Für viele Eltern beginnt eine beängstigende Zeit, wenn sie mit ihrem Kind zu Hause sind. Sie haben Angst davor, dass sie ihr Kind eines Tages leblos im Kinderbettchen auffinden. Rein statistisch gesehen, sterben pro Jahr ungefähr 0,02 Prozent der Kinder am plötzlichen Kindstod.

Es gibt Ursachen, die den plötzlichen Tod eines Babys begünstigen können:

- Herz-Kreislauf-Probleme: Hierbei wird der Blutdruck nicht richtig reguliert.
- Neurologische Ursachen: Es liegen Beschwerden im Gehirn des Babys vor.
- Entwicklungsstörung: Die Atmung des Kindes ist nicht ausreichend entwickelt.
- Niedriges Geburtsgewicht: Das Baby wiegt weniger als 2.500 Gramm

- Frühgeburt: Kommt das Baby zu früh zur Welt, kann das Risiko des plötzlichen Kindstods steigen.

Es gibt aber auch Ursachen, die vermieden werden können. Hierunter fallen:

- Die falsche Schlafposition in Bauch- oder Seitenlage.
- Das Baby überhitzt sich beim Schlafen.
- Die Mutter hat während der Schwangerschaft geraucht.
- Das Baby schläft mit im Familienbett: Hier besteht die Gefahr, dass das Kind unter eine Decke gerät oder sich auch jemand darauflegt. Das Neugeborene sollte unbedingt immer im eigenen Bettchen schlafen.

SCHLAFLOSE NÄCHTE

Das kleine Wesen kann Euch am Anfang ganz schön viele Nächte zum Tag machen. Gerade die erste Zeit braucht das Baby, um sich an einen Schlaf-Wach-Rhythmus zu gewöhnen. Hinzu kommt, dass es die ersten Monate nachts mehrmals gefüttert werden muss.

Versucht Euch deshalb abzuwechseln. Auf diese Weise bekommt Ihr beide immer wieder ausreichend Schlaf. Um Dein Baby dabei zu unterstützen, den eigenen Rhythmus zu finden, gibt es zwei einfache Tipps:

1. Während des Tages solltet Ihr das Kinderzimmer nicht abdunkeln, damit das Baby diese Schlafphase nicht mit der nächtlichen verwechselt.
2. Sprecht nachts deutlich ruhiger und leise mit Eurem Kind. So lernt es langsam zu unterscheiden, ob es Tag oder Nacht ist.

Habt keine Angst vor dauerhaftem Schlafmangel. Es sind meist nur die ersten Monate, in denen Euer Baby nachts besonders viel Aufmerksamkeit braucht. Je älter es wird, umso besser schläft es durch.

WELCHE ÄNGSTE KÖNNEN ALS FRISCHGEBACKENER VATER AUFTRETEN?

Natürlich gibt es Momente, in denen Du vielleicht Angst bekommst oder Dir zu viele Gedanken machst. Solche Situationen sind vollkommen normal und wohl jeder leidet hin und wieder darunter. Es gibt die typischen Sorgen und Ängste, die sich die meisten frischgebackenen Eltern stellen:

- Du hast Angst davor, Dein Baby hochzunehmen, weil Du ihm nicht wehtun möchtest.
- Du kannst Dein Kind schwer loslassen und möchtest es niemand anderem anvertrauen.
- Du hast Angst davor, dass Dein Baby am plötzlichen Kindstod sterben könnte.

- Du hast Angst davor, etwas falsch zu machen.
- Du machst Dir Sorgen, ob Dein Kind sich gut entwickelt.
- Gerade wenn Dein Kind schon etwas älter ist, hast Du Angst, dass es sich wehtun könnte, wenn es hinfällt.

Jedes Elternpaar macht sich nach der Geburt des Babys wohl die ein oder anderen Gedanken. Falls Du also Ängste oder Sorgen hast, ist das für gewöhnlich kein Problem. Wichtig ist nur, dass Du ganz selbstsicher und locker an die Sache herangehst und diese Ängste nicht auf Dein Kind überträgst. Spreche mit Deiner Partnerin oder auch mit Freunden darüber, die bereits Kinder haben. Vielleicht können sie Dir einige Ängste und Sorgen nehmen und Du wirst sehen, dass Du nur vertrauen musst.

GOOD NIGHT – DIE BESTEN EINSCHLAFTIPPS FÜR EUER BABY

Einschlafen und Durchschlafen. Das gehört tatsächlich zu den wichtigsten Themen für werdende Mütter und Väter!
Schlaflose Nächte, stundenlanges Umhertragen des Nachwuchses – was soll man da nur tun! Nun, an dieser Stelle musst Du leider wissen, dass es keine allgemeingültige Patentlösung gibt, um Babys zum Schlafen zu bringen. Doch mit einigen Tipps und Tricks kannst Du wirklich viel erreichen. Verzweifele bitte nicht, sondern versuche besser die unterschiedlichen Tipps und Maßnahmen miteinander zu kombinieren.

- **Sorge für einen regelmäßigen Tagesablauf**
  Wenn es einen geregelten Tagesablauf gibt, dann steigt auch die Wahrscheinlichkeit, dass Euer Baby einen geregelten Schlafrhythmus entwickelt. Versuche daher, Dein Baby immer wieder zur gleichen Uhrzeit ins Bettchen zu legen, damit sich der innere Biorhythmus daran gewöhnen kann. Verzweifele nicht, wenn das nicht von einem Tag auf den nächsten klappt! Es dauert einfach einige Zeit, bis das Baby den Rhythmus übernimmt und sich der Schlaferfolg einstellt.

- **Schaffe eine deutliche Differenz zwischen Nacht und Tag**
  Wenn Euer Baby nachts aufwacht und zu brabbeln beginnt, dann mach bitte nicht zu viel Licht an! Wird es zu hell, denkt das Kind schnell, dass es Tag ist. Das Baby soll aber erkennen, dass es Nacht ist und somit Schlafenszeit. Decke es wieder sanft zu, gib ihm einen Schnuller oder summe leise ein Schlaflied. Auch eine Spieluhr kann beim Beruhigen helfen. Tagsüber darf dann wieder ausgiebig gekuschelt werden.

- **Sorge für eine ruhige Atmosphäre**
  Ungefähr eine Stunde vor dem Schlafengehen sollte es bei Euch deutlich ruhiger zugehen! Sprecht leiser und reduziert die Aktivitäten mit dem Baby auf ein absolutes Mindestmaß. Laute Geräusche oder aktives Umhertoben sind kontraproduktiv.

Auch im Kinderzimmer sollte eine angenehme Atmosphäre herrschen, wenn Dein Baby im eigenen Zimmer schläft. Verdunkele den Raum und sorge durch ein Nachtlicht für eine sanfte Orientierungsbeleuchtung.

Auch die richtige Babymatratze und der Schlafsack sind sehr wichtig, damit Euer Kind gut schlafen kann. Lasst Euch da im Fachgeschäft gut beraten oder lies Dir online Bewertungen durch.

Achtet auch unbedingt darauf, dass das Baby nicht zu warm angezogen ist und nachts womöglich zu schwitzen beginnt. Das lässt es nur unruhig werden und stört das Durchschlafen. Es gibt atmungsaktive Babyschlafsäcke mit Belüftungslöchern. Dort kannst Du mittels Reißverschlusses die Luftzufuhr regulieren!

- Pflege Schlafrituale
  Auch feste Rituale helfen dem Baby ins Reich der Träume zu segeln.

  Hier ist es sehr wichtig, dass Ihr nur ein einziges Ritual anwendet und nicht immer wieder zwischen mehreren hin und her wechselt. Das gibt Eurem Baby die nötige Beständigkeit.

Mögliche Schlafrituale sind:

- Ein angenehm warmes Beruhigungsbad vor dem Schlafengehen. Auch das liebevolle Eincremen als wohltuende Massage zum Tagesausklang wird das Baby langsam entspannen. Das entspannt nicht nur, sondern pflegt auch die zarte Haut des Babys.

- Familienkuschel-Einheiten sind ebenfalls ein sehr schönes Ritual vor dem Zubettgehen. Sanfte Küsse und gemeinsames Kuscheln auf dem Sofa – das entspannt Euch alle!

- Beruhigende Geräusche wie sanftes Wellenrauschen oder Vogelgezwitscher können ebenfalls beim Einschlafen helfen. Hierfür gibt es auch Geräusche-Apps: Schau doch gleich einmal in Deinem App-Store nach.

- Schlaflieder und Spieluhren für Babys sind der absolute Einschlafklassiker. Ihr könnt entweder selbst singen oder zu einer Baby-CD greifen.

- **Gewöhne das Baby daran, alleine zu schlafen**

  Ständiges Umhertragen wird auf Dauer ziemlich anstrengend werden. Daher ist es sehr wichtig, das Baby daran zu gewöhnen, alleine in einer vertrauten Situation einschlafen zu können.

Wenn Euer Kind beispielsweise immer beim Stillen lernt einzuschlafen, dann wird es diese Situation auch beim Aufwachen erwarten. Findet es sich in einer anderen Situation wieder, ist es nur irritiert. Sorgt daher für Beständigkeit durch feste Rituale, wie oben beschrieben.

- Hab Geduld!

  Denk bitte daran, dass jedes Baby einzigartig ist und auch andere Bedürfnisse hat. Es kann durchaus sein, dass die Tipps nicht von einem Tag auf den nächsten umsetzbar sind. Doch verzweifele bitte nicht. Probiere es in Ruhe aus, schenke Deinem Kind Geborgenheit, Liebe, Wärme und Geduld! Viel Erfolg, eine ruhige Nacht und süße Träume!

MANN, PARTNER, PAPA – FREIZEIT, HOBBYS & FREUNDSCHAFTEN

Insbesondere in den ersten Tagen, Wochen und Monaten nach der Geburt ist das Baby sehr abhängig von Euch als Eltern. Nun haben Papa und Mama sozusagen rund um die Uhr Bereitschaftsdienst!

Da kann es natürlich dazu kommen, dass die Paarbeziehung etwas zu kurz kommt. Auch für Hobbys und Freunde findet sich dann oft nicht die gewünschte Zeit.

Auch wenn Ihr Euch am liebsten zu dritt zurückziehen möchtet und jede Sekunde gemeinsam genießen wollt, so solltet Ihr weiterhin gezielt Kontakte zu anderen Menschen pflegen. Auf diese Weise hat Euer Baby die Chance, eine gelungene und sichere Bindung zu anderen Bezugspersonen – wie etwa den Großeltern – aufzubauen.

Es ist so wichtig, Eltern zu sein, aber auch weiterhin ein sich liebendes Paar zu bleiben! Momente der Nähe, der Zärtlichkeit und gute Gespräche sollten nicht in zu weite Ferne rücken!

Wenn sich nach der Geburt der Alltag wieder langsam einstellt, merken frischgebackene Mamas und Papas nämlich deutlich, dass ihnen zusammen immer weniger Zeit bleibt. Klar, das bisherige Beziehungsleben verändert sich, denn schließlich ist ein weiterer Mensch da, und zwar jemand, der voll und ganz auf Euch angewiesen ist.

Abhängig vom Temperament Eures Kindes, vom Start in dieses Leben sowie vom Gesundheitszustand werdet Ihr als Eltern unterschiedlich stark beansprucht.

Den Alltag mit einem kleinen Baby gefühlsmäßig und körperlich harmonisch zu gestalten, ist eine der größten Herausforderungen frischgebackener Eltern! Wenn aus einem Liebespaar plötzlich Eltern werden, dann entsteht eine ganz neue Beziehungskonstellation! Ideal ist es, wenn sich keiner der Beteiligten zurückgesetzt fühlt und niemand neidisch ist. Leider sieht es oft anders aus: Frischgebackene Mamas entwickeln oft eine engere Bindung zum Kind, allein schon infolge der intensiven Schwangerschaftsmonate und der Stillbeziehung. Die Mutter sieht vor allem das hilflose kleine Baby und möchte ihm Wärme, Sicherheit, Schutz und Geborgenheit schenken. Umgekehrt sucht sie von dem Kind die Bestätigung, nämlich über dessen Mimik, Laute und Bewegungen.

Das kann letztlich dazu führen, dass vieles, leider auch der Partner sowie dessen Wunsch nach zärtlicher Nähe und Sexualität, mit der Zeit in den Hintergrund rückt.

Das ist besonders für frischgebackene Väter nicht leicht zu ertragen: Es kommt zu Gefühlen des Neides und der Eifersucht! Sie haben das Gefühl, im Duo „Mama & Baby" einfach keinen Platz zu haben und fühlen sich wie das fünfte Rad am Wagen.

Für Dich als Papa bedeutet das konkret: Hab Geduld! Du musst damit leben, dass Deine Partnerin einen Vorsprung in puncto Bindung und Nähe zu Eurem Kind hat. Für das Baby ist genau dieses Gefühl der Sicherheit und der Geborgenheit ungemein wichtig. Jetzt sozusagen sein „Bedürfnisse bei der Partnerin" einzufordern ist kontraproduktiv und würde zwischen Euch nur zu Frustgefühlen und Konflikten führen.

Das liebevolle und enge Verhältnis zwischen Deiner Partnerin und dem Kind sollte Dich aber auf keinen Fall davon abhalten, auch eine zärtliche und warmherzige Nähe zu Deinem Baby aufzubauen. Dein Kind wird sehr schnell begreifen, dass es zwei liebevolle und gute Elternteile hat. Es wird sich noch sicherer und doppelt geborgen sowie geliebt fühlen.

Ziehe Dich also bitte nicht zurück, sondern bringe Dich vielmehr aktiv ein!

Versuche so aufmerksam, verständnisvoll, liebevoll, engagiert und geduldig wie nur möglich zu sein, auch wenn es

Dir nicht immer leichtfällt. Bleibe auch immer in einem offenen Austausch mit Deiner Partnerin. Es ist eine Zeit der Neuorientierung für Euch als Paar und das braucht einfach seine Zeit. Bringt daher beide Verständnis füreinander auf und die nötige Portion Geduld.

Neid oder Gefühle der Eifersucht kannst im Übrigen nicht nur Du fühlen, weil Deine Partnerin näher mit dem Baby verbunden ist. Auch sie kann solche Emotionen hegen: So kann Deine Partnerin beispielsweise neidisch werden, weil Du weiterhin zur Arbeit fahren darfst, Freunde triffst oder Sport treiben kannst. Sie fühlt sich an Haus und Kind „gekettet", während Du eher die Freiheiten von früher genießen kannst.

Hier ist es sehr wichtig, dass Ihr zusammenarbeitet und solche Gefühle gar nicht erst aufkommen lasst! Verbringe daher auch Du so viel Zeit wie möglich mit dem Baby, denn das stärkt nicht nur Deine Vater-Kind-Bindung, sondern verschafft auch Deiner Frau wichtige Freizeiten und Freiräume!

Du siehst, es ist eine Zeit der Umstellung, doch es gibt extrem viele Momente des Glücks und der Freude: Ihr seht jeden Tag die Entwicklungsfortschritte Eures Kindes und erlebt unvergessliche Augenblicke.

Trotzdem kommen leider viele Paare mit der Umstellung schwer zurecht. Sie vermissen gemeinsame Aktionen wie

Kino und Restaurantbesuche oder Treffen mit Freunden. Der Schlaf kommt zu kurz, man vermisst die gemeinsamen Paargespräche und nicht zuletzt leidet das Liebesleben. Versucht daher bewusst, Euch nicht zu verlieren! Bleibt in einem engen Kontakt zueinander und versucht nicht, wegen Kleinigkeiten in Streit zu geraten!

Leider ist es bis heute ein Tabuthema, dass die ersten zwölf Monate mit einem Baby definitiv ihre Schattenseiten haben! Viele Paare haben das Gefühl, in einer Sackgasse zu stecken und nicht selten trennen sich viele einige Monate nach der Geburt des ersten oder des zweiten Kindes.

Die Lösung ist eine offene Kommunikation, ein zärtlicher Austausch und eine liebevolle Nähe. Gebt Euch nicht auf!

Wenn Ihr das Gefühl habt, dass andere Eltern es viel einfacher haben, dann sucht unbedingt das Gespräch mit ihnen. Fragt nach, wie sie ihre Partnerschaft pflegen und wie sie ihren Alltag mit dem Baby gestalten! Nehmt auch unbedingt Hilfe aus Eurem Umfeld in Anspruch, also von Euren Eltern, Schwiegereltern oder Geschwistern. Die Beziehung zwischen Euch als Mutter-Vater und Baby muss unbedingt ausgeglichen sein. Nur mit einer ausgewogenen Balance kann eine starke Familie entstehen.

Pflegt Eure Liebe!

Ihr seid mit solchen Problemen nach der Geburt eines Kindes nicht allein! Bei ziemlich vielen Paaren leidet die Partnerschaft unter den einschneidenden Veränderungen, die das Elternsein mit sich bringt.

Es ist aber von zentraler Bedeutung, dass Du und Deine Partnerin aktiv etwas für Eure Liebe tut! Steckt neue Energie in das Paar sein, denn das kommt letztlich auch Eurem Baby zugute.

Kinder entwickeln sich viel glücklicher, positiver und gesünder, wenn sie zufriedene und sich liebende Eltern haben. Es lohnt sich in jedem Fall für die Liebe zu kämpfen und die Partnerschaft zu pflegen!

Schenkt Euch jeden Tag gegenseitigen Respekt & Anerkennung

Jeder Mensch ist dankbar und glücklich, wenn er Anerkennung und Wertschätzung bekommt. Ein positives Feedback ist ein wahnsinniger Motivationsschub! Bewundert einander und sagt das dem anderen, wann immer es möglich ist! Es ist großartig, was jeder Einzelne in dieser neuen Situation leistet und das sollte definitiv zur Sprache kommen!

Insbesondere in der neuen Vater- oder Mutterrolle, die oft von so vielen Unsicherheiten dominiert wird, ist es essentiell wichtig, den Blick auf all das Gelingende und Positive zu richten!

- Bin ich ein guter Papa?
- Bin ich ein guter Partner?
- Bin ich noch attraktiv für meine Partnerin?

Natürlich schwirren Dir solche und ähnliche Fragen durch den Kopf! Hol Dir unbedingt ein positives Feedback dazu ein, selbst wenn der Familienalltag noch so anstrengend ist. Vor allem unter Stress und Schlafmangel geraten die kleinen Freuden in Vergessenheit. Dabei ist genau die Wertschätzung kleiner Dinge so ungemein wichtig.

Also: Öfter mal Komplimente machen und annehmen – zum Beispiel: „Du hast heute so lecker gekocht, Schatz, Danke!" oder „Danke, dass Du mir die Babyschale im Auto richtig fixiert hast."

Du kannst auch mal das Babysitten übernehmen, damit Deine Partnerin z. B. zum Sport gehen kann. Das wird ihr seelisch guttun und fördert ihr körperliches Wohlbefinden.

Nehmt Euch am besten jeden Abend gemeinsam fünf bis zehn Minuten Zeit und denkt gemeinsam an alles, was gut und gelungen war:

- Für welche Momente sind wir heute besonders dankbar?
- Was hat uns besonders gefreut?
- Welche Personen haben uns heute geholfen?
- Wer hat uns heute Wertschätzung entgegengebracht?

Pflegt eine gesunde Streitkultur!

Sehr viele frischgebackene Eltern vermeiden Streit, weil sie der Meinung sind, dass dies ein Anzeichen für eine gescheiterte Paarbeziehung ist. Dabei ist eine gesunde Streitkultur äußerst wichtig. Sprecht konstruktiv miteinander und lernt gemeinsam zu streiten.

Streit gehört zu jeder Partnerschaft dazu, ob mit oder ohne Kind. Von Bedeutung ist das „WIE". Es geht nicht darum, dass einer von Euch zwingend recht behält oder „gewinnt". Es geht vielmehr darum, die Sichtweise und die Meinung des anderen anzuhören und wertzuschätzen. Auf dieser Grundlage können dann Kompromisse gefunden werden.

Negatives Streiten oder gar Beleidigungen sind hingegen absolute Partnerschaftskiller! Wenn Du Dir in diesem Punkt mehr Unterstützung wünschst, kannst Du gerne zu einem Ratgeber über Kommunikation unter Paaren greifen. Dort findest Du viele wertvolle Tipps. Auch eine Paarberatung kann ratsam sein: **Pro Familia oder sonstige Beratungsstellen bieten viele tolle Angebote.**

Mehr Informationen findest Du hier: *www.profamilia.de/angebote-vor-ort*

Verabredet Euch!

Dates sind wichtig, vor allem nach der Geburt des Babys. Gerade in einer so wandlungsreichen Zeit ist es von außerordentlicher Bedeutung, sich Zeiten füreinander freizuhalten. Vereinbart feste Zeiten für Euch selbst und haltet diese auch ein. Mit Sicherheit freuen sich Oma und Opa, Onkel oder Tante, wenn sie ein wenig auf das Baby aufpassen dürfen. So könnt Ihr gemeinsam ausgehen oder einfach gemütlich Zeit zu zweit auf dem Sofa verbringen.

Sprich eher von Dir, als Deiner Partnerin zu sagen, was aktuell nicht so optimal läuft. Ich-Botschaften sind also viel wirkungsvoller als Du-Botschaften. „Ich ärgere mich, weil …“ anstatt „Du hast schon wieder XY vergessen!“.

Seid offen und ehrlich zueinander – mit allen dazugehörigen Stärken und Schwächen.

Hört einander aufmerksam zu, anstatt Euch lediglich mit Gegenargumenten zu befeuern! Vereinbart feste Redezeiten, in denen Ihr Euch über Anstehendes in Eurer Paarbeziehung austauscht: Das kann zum Beispiel abends sein, wenn Euer Baby bereits schläft.

Auch Probleme sollten nicht unter den Teppich gekehrt werden! Äußert Eure Schwierigkeiten oder Bedenken, damit sich hier nichts anstaut. Versuche weder etwas wegzudiskutieren noch zu verharmlosen! Sucht gemeinsam nach Lösungen, denn das stärkt Eure Liebe!

FREUNDSCHAFTEN PFLEGEN, TROTZ BABY

Eine zentrale Frage, die sich viele frischgebackene Eltern stellen, ist: „Sind unsere Freunde nach wie vor unsere Freunde oder waren wir nur als Pärchen befreundet?"

Ein Kind stellt erstmal alles auf den Kopf, dennoch bleiben der Freundeskreis und die sozialen Kontakte sehr wichtig. Zunächst dreht sich alles um das neue Menschlein: Das Kind fordert alle Aufmerksamkeit, Liebe und Zuwendung von Mama und Papa. Die gesamte Situation ist ungewohnt, neu und muss sich erst einmal in einem festen Rhythmus einpendeln.

Es ist nicht selten eine sehr große Herausforderung, neben dem anstrengenden Familienalltag die bestehenden Freundschaften zu pflegen. Auch hier ist das wichtige Stichwort Geduld! Allmählich wird sich der Alltag bei Euch einpendeln und Ihr werdet wieder mehr Zeit für andere Dinge haben. Lasst die Kontakte neu aufleben und pflegt Eure Freundschaften!

Versucht unbedingt kinderfreie Abende zu ermöglichen. Wie bei der gemeinsamen Paarzeit ist es auch bei der Pflege von Freundschaften wichtig, dass Ihr das Baby mal abgeben könnt, zum Beispiel zu den Großeltern. Ihr müsst nicht unbedingt gemeinsam ausgehen: Du kannst Dich mit Deinen Kumpels treffen, während Deine Partnerin zu Hause auf das Baby aufpasst und es ins Bett bringt. An einem anderen Abend muss jedoch der Ausgleich folgen: Das bedeutet, dass Du auf das Kind aufpasst, während sie sich eine Mädels-Auszeit gönnen kann.

Es ist generell wichtig, das Baby an andere Bezugspersonen zu gewöhnen. Schenkt nahestehenden Menschen – wie etwa Oma oder Opa – das Vertrauen, dass sie gut auf das Kind aufpassen. Sie können Euch im Fall des Falles jederzeit anrufen, wenn etwas sein sollte. Eurem Kind tut es übrigens ebenfalls gut, wenn von so vielen Menschen liebevolle Nähe und Zuwendung erlebt. Das stiftet weitere Geborgenheit und Sicherheit!

Seid unbedingt für weitere Themen offen als nur dem der Kindererziehung! Selbst wenn Ihr Freunde habt, die sich für Kinder interessieren, sollte es Gesprächsthemen darüber hinaus gehen.

Es tut Dir und Euch bestimmt gut, über andere Dinge zu sprechen und in anderen Themen up to date zu sein. Kinderpause ist an dieser Stelle das zentrale Stichwort!

Tipp:
Über Kinderthemen lässt sich super mit anderen Eltern reden. Diese findet Ihr zum Beispiel auf dem Spielplatz, in der Krabbelgruppe oder beim Babyschwimmen! Dort könnt Ihr Euch austauschen und von den Erfahrungen der anderen Eltern viel lernen!

Zeigt Interesse für Eure Freunde!

Freundschaften leben vom gegenseitigen Interesse und von der Wertschätzung! Es ist sehr wichtig, am Leben des jeweils anderen teilzunehmen. Das bedeutet, den Freunden gut zuzuhören und sich für ihre Themen und Anliegen zu öffnen. Freunde von Euch, die noch keine Kinder haben, möchten gerne von ihren eigenen Sorgen erzählen dürfen und sollten dabei auf Dein offenes Ohr stoßen.

Tipps für eine gelungene Freundschaftspflege

- Schreib Deinem besten Freund hin und wieder eine nette Mail oder eine Whats App Message. Das stabilisiert die Freundschaft.
- Freundschaften basieren auf Vertrauen: Sprich mit Deinem besten Kumpel über Deine Sorgen oder Ängste, die der neue Familienalltag vielleicht so mit sich bringt.
- Freundschaften sind keine Zweckgemeinschaften: Sei

offen für die Anliegen und Sorgen Deiner Freunde! Höre zu und sei für sie da, so gut es eben zeitlich vereinbar ist.

- Sei verlässlich! Wenn einer Deiner Freunde ein Problem haben sollte oder Dein offenes Ohr braucht und Du ihm das zugesagt hast, solltest Du Dein Wort halten.
- Vergiss wichtige Termine wie Geburtstage nicht. Das ist ein Zeichen der Wertschätzung und des Respekts und genau von solchen kleinen Gesten lebt eine gute Freundschaft!

DAS LIEBESLEBEN NACH DER GEBURT – LOVE, LOVE, LOVE

Die Geburt eines Babys sorgt nicht nur im Alltag für viel Veränderung, sondern auch in der Sexualität. Der wichtigste Schritt ist hier, dass Ihr das Gespräch sucht. Versucht miteinander zu sprechen und gegenseitig auf Eure Wünsche und Bedürfnisse einzugehen.

Gerade der Körper der Frau verändert sich während der Schwangerschaft maßgeblich. Es kann sein, dass sich Deine Partnerin nicht mehr attraktiv und begehrenswert fühlt, weil sie vielleicht etwas zugenommen hat oder sich einfach unwohl in der eigenen Haut fühlt. Natürlich kann es passieren, dass sie sich in der ersten Zeit vollkommen um das Baby kümmert und kein sexuelles Verlangen verspürt.

Einhergehende Veränderungen mit der Geburt können zusätzliche Ursachen sein, dass Deine Partnerin keine Lust auf Sex hat. Vielleicht muss sich die Frau noch von einem Kaiserschnitt erholen oder wurde nach Komplikationen im Genitalbereich genäht. Schmerzende Narben oder der Ausfluss nach der Geburt sind oft reine Lustkiller. Für die Frauen ist es ein sehr unangenehmes Gefühl, dass nach der Entbindung der Wochenfluss einsetzt. Dieser verändert sich nach und nach von der Konsistenz bis hin zur Farbe. Der Grund für den Ausfluss ist die Wunde in der Gebärmutter, die nach der Ablösung des Mutterkuchens (Plazenta) entstanden ist.

Viele Frauen wünschen sich nach der Geburt zärtliche Zuneigung und Streicheleinheiten, ganz ohne sexuelle Berührungen.

Natürlich geht die Entbindung an den frischgebackenen Vätern nicht spurlos vorbei und bedeutet auch für sie ein großes Maß an Veränderung. Plötzlich nicht mehr nur als Paar zu leben, sondern die Verantwortung für ein Baby zu haben, kann am Anfang nicht einfach sein. Zudem sehen die Väter natürlich auch, dass die Partnerin vielleicht unter körperlichen Symptomen oder Schmerzen leidet, was gänzlich die Lust auf Sex nimmt. Wohl jeder Mann wünscht sich, dass die Frau, die man liebt, glücklich und gesund ist.

Im Gegenteil kann es natürlich sein, dass Ihr nach der Entbindung Lust auf Geschlechtsverkehr habt. Grundsätzlich spricht nichts dagegen. Allerdings solltet Ihr auf eine ausreichende Körperhygiene achten. Deine Partnerin hat nach der Geburt offene Wunden an der Gebärmutter oder kleine Risse an den Schamlippen, die eine wunderbare Eintrittspforte für Keime und Bakterien sein können. Achtet deshalb unbedingt auf eine gute Hygiene vor und nach dem Geschlechtsverkehr und im Idealfall auf die Verwendung eines Kondoms, damit keinerlei Infektionen entstehen.

Sexuelle Vorlieben neu entdecken

Eine Schwangerschaft und eine Geburt können die sexuellen Vorlieben und Wünsche verändern. Es kann zum Beispiel sein, dass Deine Partnerin bisher an den Brustwarzen stimuliert werden wollte und sie jetzt sehr empfindlich darauf reagiert.

Bleibt hier ganz entspannt und begebt Euch auf eine gemeinsame Entdeckungsreise. Testet aus, was Euch gefällt und probiert immer wieder Neues aus. Eine Geburt muss nicht immer nur negative Folgen auf die Sexualität haben, sondern sie bietet die Chance, dass Ihr Euch neu entdeckt und weiterentwickelt.

Wichtig ist, dass Ihr Euch genügend Zeit gebt. Setzt Euch mit der Sexualität nicht unter Druck und sprecht miteinander über Eure Wünsche und Bedürfnisse.

Es gibt eine Menge Frauen, die sich nach einer Schwangerschaft weniger attraktiv fühlen. Du kannst ihr jetzt als Partner eine Stütze sein und ihr dabei helfen, wieder ihre Weiblichkeit zu entdecken. Falls Deine Partnerin Angst hat, dass sie Dir nicht mehr gefallen könnte, weil sie sich körperlich und sexuell verändert hat, könnt Ihr gemeinsam eine gute Lösung finden. Sprecht über Eure Ängste und Sorgen und versucht Euch neu mit den veränderten Bedingungen kennenzulernen.

Auch werdende Väter nehmen während der Schwangerschaft oder nach der Geburt oft ein paar Kilo zu. Vielleicht verändert sich auch Dein Körper nach dieser Zeit. Lass Deine Partnerin auch hier neue Seiten an Dir entdecken und nehmt Euch mit voller Liebe so an, wie Ihr seid.

Gründe für eine mangelnde Lust auf Sexualität

Babyblues

Natürlich ist eine gedrückte Stimmung nicht gerade der ideale Ausgangspunkt für Geschlechtsverkehr. Falls Deine Partnerin also nach der Geburt unter einem Babyblues leidet, ist es wichtig, dass Du ihr Verständnis entgegenbringst. Eurer Beziehung hilft es nicht, wenn Du Deine Partnerin unter Druck setzt. Versucht daher miteinander zu sprechen und Eure Sorgen und Ängste wahrzunehmen. Falls Ihr an dieser Stelle gemeinsam keine gute Lösung findet, könnt Ihr Euch professionelle Hilfe holen.

Schlafmangel

Natürlich ist Schlafmangel ein absolutes Problem, wenn es um die Sexualität geht. Mangelnder Schlaf, Müdigkeit und

Erschöpfung sorgen oftmals dafür, dass wenig Lust auf Sex besteht. Versucht Euch hier nicht unter Druck zu setzen, sondern nehmt die Situation aktuell so hin. Wichtig ist, dass Ihr immer versucht aufeinander zu schauen und Euch als Paar auch Zeit füreinander zu nehmen. Meistens sind nur die ersten Monate von Schlafmangel geprägt und danach wird es besser.

Alltagssorgen

Natürlich spielen Sorgen, egal in welcher Hinsicht immer eine große Rolle, wenn es um das Wohlbefinden geht. Jemand, der sich unwohl fühlt oder Angst hat, möchte in der Regel Zeit für sich und hat keine Lust auf Geschlechtsverkehr.

Falls Ihr Alltagssorgen habt, dann versucht das Gespräch miteinander zu suchen. Manchmal kann das schon hilfreich sein, um sich wieder auf das Wesentliche zu besinnen und sich gegenseitig die Ängste zu nehmen. Die Sexualität kommt danach von ganz allein zurück.

Tipps & Tricks für eine gelungene Sexualität

- **Schaut auf Euch und tut Euch etwas Gutes:** Sexuell aktiv sein heißt nicht unbedingt, dass Ihr miteinander schlafen müsst. Sexualität kann einfach bedeuten, zärtlich miteinander zu sein.

- **Schlaft ohne Druck miteinander:** Ganz wichtig ist es, dass Ihr beim Geschlechtsverkehr auf Euch schaut. Es ist absolut ok, wenn Ihr spürt, dass Ihr gerne aufhören oder eine Pause machen möchtet. Schämt Euch nicht dafür, sondern sprecht mit Eurem Partner und seid ehrlich zueinander.

- **Seid ehrlich zueinander:** Damit Eure Paarbeziehung weiterhin gelingt, ist es wichtig, dass Ihr immer offen miteinander sprecht. Es kann Situationen geben, in denen einer von Euch keine Lust auf Sex hat. Wichtig ist, dass Ihr offen sagt, was in Euch vorgeht. Nur so kann Euch der andere Partner verstehen. Nehmt es nicht persönlich, falls einer gerade keinen Geschlechtsverkehr möchte, das hat nichts mit Euch als Paar zu tun.

- **Erweitert Euren Horizont:** Probiert immer wieder Neues aus und entdeckt Euch neu. Versucht vielleicht Euch über geheime Fantasien und Wünsche auszutauschen und diese auszuprobieren.

- **Lasst Euch Zeit:** Es gibt kein festgelegtes Tempo, in dem Ihr Euch wieder näherkommen sollt. Nehmt Euch die Zeit, die Ihr benötigt. Geht offen mit der neuen Situation um und versucht Euch Schritt für Schritt anzunähern.

- **Plant Euch feste Paar-Zeit ein:** Damit Ihr als Paar weiterhin gut funktioniert, solltet Ihr Euch feste Zeiten einplanen. Nehmt Euch bewusst diese Momente und genießt die Zeit einmal ohne Baby. Großeltern, Freunde und Verwandte freuen sich immens, wenn sie Zeit mit dem Nachwuchs verbringen dürfen. Gleichzeitig sind diese Momente für Euch wertvolle Paar-Zeit, in der Ihr Euch wieder neu mit Euch und Eurer Sexualität beschäftigen könnt.

- **Versteift Euch nicht zu sehr auf das Thema Sexualität:** Eure Beziehung macht viel mehr aus als lediglich das sexuelle Verlangen. Gebt Euch die Zeit, die Ihr braucht und versucht Euch nicht allzu sehr unter Druck zu setzen. Ihr werdet sehen, je weniger Ihr Euch auf die sexuelle Lust konzentriert, desto weniger belastend wird dieses Thema für Euch sein.

- **Holt Euch Hilfe:** Es kann hilfreich sein, sich professionelle Unterstützung zu suchen. Die Experten können an entscheidender Stelle Tipps geben und Euch helfen, die Sexualität neu zu entdecken.

- **Sprecht mit anderen darüber:** Manchmal kann es hilfreich sein, sich mit Freunden über das Thema auszutauschen. Sprich ruhig einmal mit einem Freund darüber, der vielleicht bereits Papa ist. Vielleicht kannst Du ein paar Tipps oder Hilfestellungen bekommen.

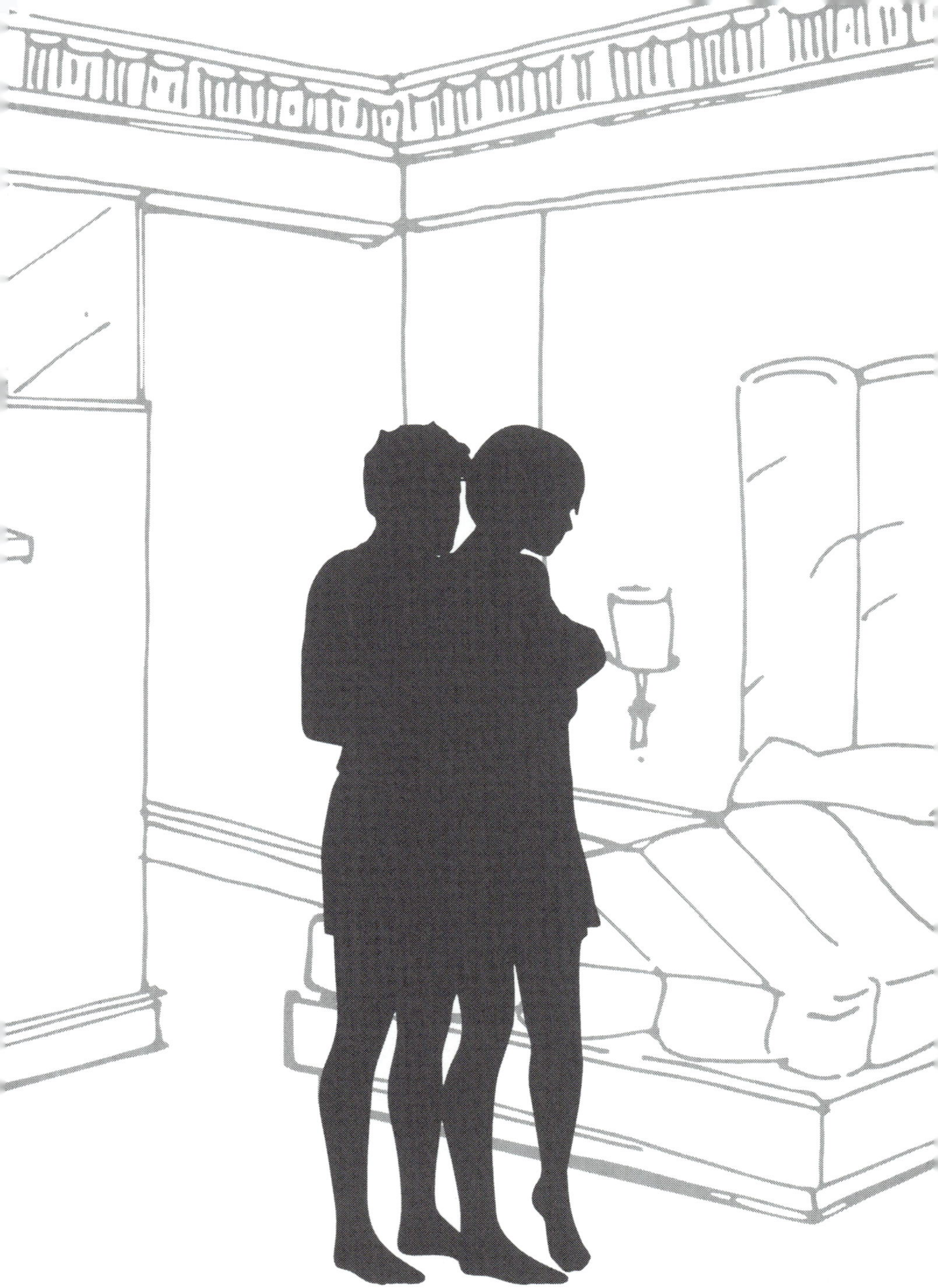

RECHTLICHES, AMTS- & BEHÖRDENGÄNGE – GANZ OHNE BÜROKRATIE GEHT´S EBEN DOCH NICHT

Nachdem das Baby auf der Welt ist, gibt es ein paar Formalitäten, die erledigt werden müssen. Macht Euch bereits vor der Geburt Gedanken über den Vor- und Nachnamen des Babys, damit die Formalitäten schnell erledigt werden können.

Geburtsurkunde

Die erste wichtige Formalität besteht in der Geburtsurkunde. Die Geburt des Babys wird durch den Arzt, die Ärztin oder die Hebamme bestätigt. Innerhalb der ersten sieben Tage muss dem zuständigen Standesamt die Geburt bekannt gegeben werden. Die Behörde stellt daraufhin die Geburtsurkunde aus, die für viele Lebenssituationen des Kindes unverzichtbar ist. Unter anderem wird sie benötigt, um den Wohnsitz des Kindes anzumelden.

Anmeldung des Wohnsitzes

Die Anmeldung erfolgt beim Einwohnermeldeamt.

Vaterschaftsanerkennung

Falls Ihr nicht verheiratet seid, solltest Du die Vaterschaft beim Standesamt oder Amtsgericht anerkennen lassen.

Krankenkassen-Anmeldung

Damit Euer Kind krankenversichert ist, solltet Ihr es in Eurer Familienversicherung anmelden lassen. Hierfür reicht es, Eure zuständige Krankenkasse zu kontaktieren.

Elterngeld beantragen

- Elternteile, die nach der Geburt nicht oder nicht mehr als 30-Wochenstunden arbeiten, haben Anspruch auf Elterngeld. Das gilt ebenfalls für Selbstständige oder Arbeitssuchende. Der Anspruch besteht 12 oder 14 Monate.
- Das Elterngeld sollte möglichst bald nach der Geburt beantragt werden, auf jeden Fall innerhalb der ersten drei Monate.

- Beantragt werden muss es bei den Elterngeldstellen Eures jeweiligen Bundeslandes, in dem Ihr wohnt.

Mehr Informationen hierzu erfahrt Ihr unter folgendem Link:
www.bmfsfj.de/bmfsfj/themen/familie/familienleistungen/elterngeld/elterngeldstellen-und-aufsichtsbehoerden/elterngeldstellen-und-aufsichtsbehoerden-in-elterngeldangelegenheiten-73716

Elternzeit

- Jeweils ein Elternteil kann sich vom Arbeitgeber nach der Geburt des Babys von der Arbeit freistellen lassen oder in Teilzeit arbeiten. Ganz wichtig: Ihr habt einen rechtlichen Anspruch darauf, im Anschluss in Eure bisherige Position zurückzukehren. Der Elternzeit-Anspruch besteht ein bis drei Jahre und kann unter Euch beiden aufgeteilt werden.
- Das erste Jahr, das Euch in puncto Elternzeit zusteht, müsst Ihr bis zum zweiten Geburtstag Eures Kindes in Anspruch genommen haben.
- Die Elternzeit müsst Ihr schriftlich bei Eurem Arbeitgeber beantragen.

Kindergeld

- Kindergeld ist eine Unterstützung, die frischgebackene Eltern für jedes ihrer Kinder erhalten. Hierbei spielt es keine Rolle, wie hoch Euer monatliches Einkommen ist. Das Kindergeld wird bis zum 18. Lebensjahr des Kindes ausgezahlt. Solange sich das Kind in einer Ausbildung befindet, zahlt der Staat sogar bis zum 25. Lebensjahr Kindergeld.
- Das Kindergeld sollte direkt nach der Geburt beantragt werden. Es wird bis zu sechs Monate vom Staat rückwirkend nachgezahlt.
- Wichtig ist vor allem die Steuer-Identifikationsnummer Eures Kindes.

Beantragt werden muss das Kindergeld hier:
www.arbeitsagentur.de/familie-und-kinder/infos-rund-um-kindergeld

Ich hoffe, dass dieses Buch Dich bestens, auf das Vater werden vorbereitet hat und dass es Dich positiv in Deine Zukunft mit Deiner Familie blicken lässt. Deine Rolle als Vater ist wohl eines der herausforderndsten und zugleich schönsten Jobs überhaupt.

In diesem Sinne wünsche Dir und Deiner Partnerin eine schöne Schwangerschaft und eine tolle Zeit mit dem Baby.

WEITERFÜHRENDE ADRESSEN

Informationsportal des Bundesfamilienministeriums

www.familienportal.de

Hier kannst Du zum Beispiel weitere Informationen zu familienbezogenen Leistungen bekommen, Beratungstermine vereinbaren und Anträge stellen!

Alles, rund um Familie, Schwangerschaft & Geburt

www.profamilia.de

Alles, zum Thema Kindergesundheit:

www.kindergesundheit-info.de

Wichtige Informationen zur Wochenbettdepression

www.schatten-und-licht.de

Fragen rund um die Schwangerschaft & allgemeine Familienberatung

www.familienplanung.de

Hebammenbetreuung, Hebammensuche & Doulas

www.doulas-in-deutschland.de

www.bfhd.de

www.hebammenverband.de/startseite

Informationen rund um Geburt & Schwangerschaft

www.geburtskanal.de

Umfassende Informationen zu allen Familienthemen

www.familienhandbuch.de

Informationsportal des Bundesministeriums für Familien, Senioren und Jugend

www.bmfsfj.de

Themen für Väter

www.vaeterblog.de

QUELLENVERZEICHNIS

Mühling, Tanja; Rost, Harald (Hrsg.). In: „Väter im Blickpunkt: Perspektiven der Familienforschung“ – Verlag Barbara Budrich, Opladen & Farmington Hills 2007.

Dieter Lenzen: „Vaterschaft: Vom Patriarchat zur Alimentation Broschiert“ – 2. Dezember 1991, Rowohlt Taschenbuch Verlag

Bundesministerium für Familie, Senioren, Frauen und Jugend
Bosch, B. T. (o. D.). Impressum. BMFSFJ. Abgerufen am 15. Mai 2021, von
www.bmfsfj.de/bmfsfj/impressum-99480
www.bmfsfj.de/resource/blob/76350/71f7fd9dc8cafbe-5ee2393cbe16b6e2c/facetten-vaterschaft-data.pdf

IMPRESSUM UND WEITERE INFORMATIONEN

LeseGlück

Hast Du Fragen, Anregungen oder Kritik?

Dann kontaktiere uns gerne:

Webseite: www.leseglueck-verlag.com
E-Mail: kontakt@leseglueck-verlag.com
Pinterest: JT Helmke Books
Instagram: Book lovers / leseglueck_verlag

Impressum

Anschrift: JT Helmke Publishing Ltd,
Sotiraki Markidi Avenue 25,
8036 Paphos, Cyprus

Druck: Amazon
ISBN: 978-9925-7858-2-7

Erste Auflage 2021

Cover-/Umschlaggestaltung & Buchsatz:

Buchgewand Coverdesign | www.buch-gewand.de

Unter Verwendung folgender Grafiken: depositphotos.com: © Aluna11, © marcello77, © tp-lexeeva.gmail.com, © Vasimila, © irogova, © prinsprf, © Vlada13, © Lurhanerbas, © Sabelskaya, © dmstudio | stock.adobe.com: © nosyrevy, © turkishblue, © RioPatuca Images, © LIGHTFIELD STUDIOS | flaticon.com: © freepik, © Kiranshastry, © Darius Dan

HAFTUNGSAUSSCHLUSS UND URHEBERRECHT

 Trotz sorgfältiger Überprüfung kann es passieren, dass Fehler übersehen werden. Der Autor und JT Helmke Publishing sind für entsprechende Hinweise über Fehler und Unklarheiten dankbar, um sie in künftigen Ausgaben zu beseitigen.

Kein Teil dieses Buches darf in irgendeiner Form, auch nicht auszugsweise, ohne schriftliche Genehmigung reproduziert, vervielfältigt oder verbreitet werden. Zuwiderhandlungen werden entsprechend gemeldet und verfolgt. Übersetzungen in andere Sprachen bedürfen der Genehmigung und sind vorbehalten. Dieses Buch enthält Meinungen oder / und Erfahrungen des Autors. Diese werden mit bestem Wissen und Gewissen und als „selbst Recherche und Erlebnis", an den Leser weitergegeben. Dieses Buch und die Empfehlungen sind keine Garantie und keine Gewähr für Aktualität, Vollständigkeit und Qualität der einzelnen Themen. Der Autor und der Herausgeber können für etwaige Fehler jeder Art aus keinem Rechtsgrund eine Haftung übernehmen. Haftungsansprüche gegen den Autor oder den Herausgeber für Schäden materieller oder ideeller Art, die durch die Nutzung oder Nichtnutzung der Inhalte dieses Buches bzw. durch die Nutzung fehlerhaft und / oder unvollständiger Informationen verursacht wurden, sind grundsätzlich ausgeschlossen. Alle Informationen und Angaben wurden von dem Autor mit größter Sorgfalt und nach bestem Wissen und Gewissen recherchiert oder sind die persönliche Meinung des Autors.

Verwendete Bezeichnungen (z. B. Markennamen, Vereine, Unternehmen, Webseiten usw.) unterliegen der jeweiligen Unternehmen im Allgemeinen warenzeichen-, marken- oder patentrechtlichen Schutz. Auch wenn diese nicht als solche gekennzeichnet sind, gelten entsprechende Schutzbestimmungen. Sie sind zur Hilfe und Unterstützung für Leser eingesetzt. Für den Inhalt der genannten / verlinkten Seiten sind ausschließlich deren Betreiber verantwortlich.

Printed in Germany
by Amazon Distribution
GmbH, Leipzig

26128621R00143